「肌＋髪＋腸」で
外見力は劇的に変わる

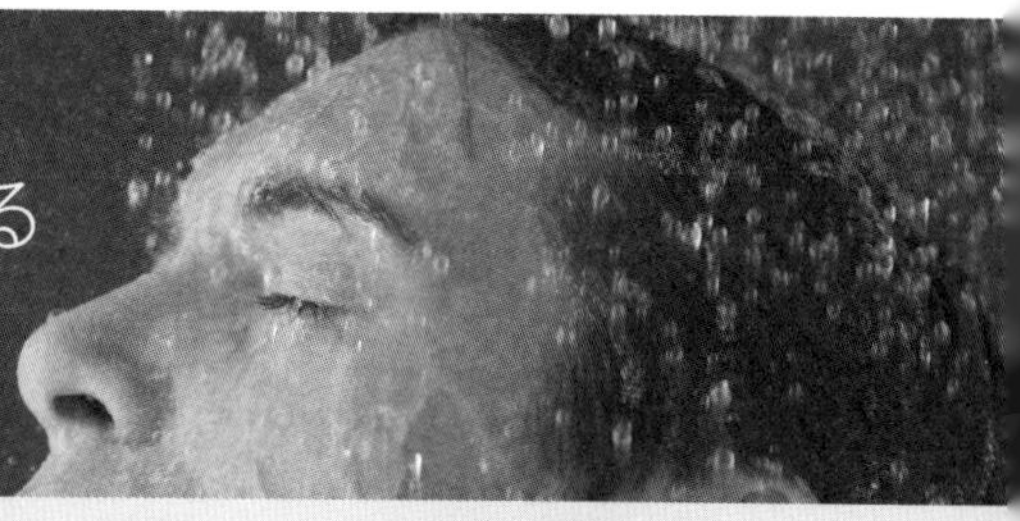

ハーバード
現役研究員の
皮膚科医が書いた
見た目が10歳若くなる本

小川 徹
皮膚科医／ハーバード大学
マサチューセッツ総合病院
客員研究員

東洋経済新報社

はじめに

「見た目」が10歳若返れば、人生が変わる！
――あなたは「外見力」に自信がありますか？

外見が若いほうが、人生はうまくいく

みなさん、想像してみてください。

自分の外見が10歳若返ったら、どうでしょうか？

人生が変わるのではないでしょうか。

実際に**「見た目が若い」ことのメリット**は計り知れないものがあります。

ビジネスが好転するのはもちろん、人間関係、恋愛・結婚など、「若見え」のアド

バンテージはあらゆることに及びます。

「メラビアンの法則」というものがあります。

これは、私がかつて所属していたカリフォルニア大学ロサンゼルス校（ＵＣＬＡ）のアルバート・メラビアン教授が提唱した**「初対面の印象を決める要素」**です。

それによると、言語情報（話の内容）が7％、聴覚情報（声の質や大きさなど）が38％、視覚情報（見た目、表情、しぐさ）が55％とされています。

つまり、相手の印象を決めるのは「見た目」が大きくものをいうわけです。

では、**「見た目」とは何で決まるかというと、ズバリ「肌」と「髪」**だと思います。

もちろん衣服やしぐさなどによる部分も大きいのでしょうが、たとえば男性の場合はビジネスの場においてはスーツ着用が多いですし、女性も仕事の場ではやはりオーソドックスな服装が求められると思います。

それを考えると、服のように取り換えるわけにはいかない**「肌」と「髪」こそが、その人の魅力を引き上げる最大の「武器」**ともいえるのです。

そして**皮膚と髪の健康を診るのは、私の専門である皮膚科学の領域**です。

さらに、ビジネスにおいては「清潔感」も大事な要素です。

「爪」や「ニオイ」なども、その人の「清潔感」「外見力」を大きく左右します。

毛や爪、汗腺や脂腺は**「皮膚の付属器」**という位置づけで、英語では「アクセサリー・オルガン」といいます。

こうした、**「アクセサリー・オルガン」も皮膚科の領域**です。

世界のパワーエリートは「見た目」が若い

私は現在、アメリカのボストンにある、ハーバード大学マサチューセッツ総合病院で客員研究員として活動しています。

その前はUCLAに、また以前にはロンドン大学セントトーマス病院に所属していました。

アメリカに住んでいて感心するのは、アメリカのパワーエリートは、とにかく「外見」に気を遣っているということです。

男性でも爪を整えたり、シワとりやレーザー治療などのプチ整形をしている人は珍

★ 世界のパワーエリートは「外見」に気を遣っている

しくありません。

そして、現地にいていつも驚くのは、**みなさん例外なく「見た目が若い！」**ことです。

「この人は40歳ぐらいかな？」と思っていたら、50歳をはるかに上回っていたとか、60歳というのに、髪も肌もツヤツヤで引き締まったスタイルをしている人など、枚挙にいとまがありません。

アメリカで**「太っている人は出世できない」**といわれるのは有名な話ですが、**「外見力」が足りない人もまた、出世できない**といっても過言ではありません。

「外見」によって出世が左右されるからこそ、彼らの外見に対する意識は相当高いのだと思います。

▼▼▼日本のビジネスパーソンは「外見」で損をしている

残念ながら、**日本のビジネスパーソン、とくに男性は「外見力」を意識している人**

は少ないように思います。アメリカのエリートビジネスパーソンと比べると、その差がかなりあることを実感します。

日本のビジネスパーソンはズバリ、**国際的な見地からも「外見力」が不足**しています。「老け見え」でも気にしていない人が多いのです。それは非常に損だしもったいないことです。

ただし、ここでいう「外見力」とは、いわゆる洗練された服を着たり、ブランド物を身につけるなどといった「オシャレをする」こととは少しニュアンスが違います。

逆にいえば、どれだけ飾っても、肌が荒れていたり、髪がボサボサ、肩にフケがついているのでは、その人はまったく魅力的とはいえないでしょう。

飾ること自体が悪いわけではありませんが、その前に**「素材」そのものをグレードアップさせることが重要**です。それが私のいう**「外見力」**です。

裏返すと、**肌や髪などを適切に手入れすることで、自分という「素材」は驚くほど磨かれ、輝きはじめる**のです。

★

肌や髪を適切に手入れすれば、自分という「素材」は驚くほど輝く

▼▼▼

見た目が10歳若くなる「最新皮膚科学」がもつ力

日本は医療において先進国のひとつではありますが、こと**皮膚科学の領域においては、やはりアメリカとイギリスが最先端**だと思います。

実際、私もアメリカやイギリスの病院にいると、日本では得られない情報や技術がたくさんあることに驚かされます。

とくに、**ハーバードのインパクトは極めて大きい**ものがあります。

「ハーバードメディカルスクール」は全米で3番目に古く、世界屈指の医学教育機関です。ノーベル賞受賞者も数多く、医学全般の研究部門で、毎年のように1位をとっています。

また私が所属する「マサチューセッツ総合病院」は「MGH」という名で親しまれており、**ハーバード系の病院の中でも最大規模で、中心的存在**です。**最先端の研究型病院として、世界中にその名が知られています**。

本書は、私が皮膚科医としてこれまで培ってきた**ハーバード大学、UCLA、そし**

てロンドン大学セントトーマス病院という国際経験とグローバルな視点をもとに、「見た目年齢が10歳若く見える」ことに特化して、そのコツを伝授するものです。

誰でも歳をとれば皮膚が老化していきますが、それには個人差がとても大きくあらわれます。

これはもちろん遺伝的な要素もありますが、**皮膚科学の正しい知識をもち、日々の生活の中でケアをすることで、「見た目の老化」を大きく遅らせ、実年齢より若く見せることができる**のです。

皮膚科学は、大変な勢いで発展しています。日進月歩とは、まさにこのことです。シミ、シワを改善・修復する技術もかなり進んでいます。これらの**最新情報や世界的トレンド**についても本書で詳しく解説します。

すでに書店に並んでいる皮膚科関連の本は、このようにグローバルな視点で皮膚科情報を提供しているものは少ないように思います。

また、美容の観点から書かれた本とも一線を画する、**男性にも女性にも役立つ一冊**になっていると自負しています。

★

皮膚科学の正しい知識で「見た目の老化」を遅らせよう

外見に自信がもてれば、人生はいっきに好転する！

みなさんも日々感じていることかもしれませんが、**「外見」は自分が思っている以上に、他人に対しても自分に対しても影響を与える**ものです。

患者さんを診察していても、たとえば、重症のアトピー性皮膚炎で受診していた人が、治療して改善していくうちに、どんどん表情が明るくなっていくケースは多々あります。

最初はうつむいて自信なさげに診察室に入ってきた女性が、次第に顔が上を向くようになり、最後は別人かと思うほど変身していったこともありました。**目鼻立ちは同じはずなのに、見違えるほど表情が変わって、みるみるうちに輝いていく**のです。

心地よい容姿を保つことは「幸せな心の維持」につながり、快適な毎日を送れることにつながります。

「外見に自信がもてれば、人は驚くほど前向きになり、人生が開けていく」

「『外見』を扱う皮膚科学には人の心を温かく、前向きにする、すごい潜在力がある」

これまでの患者さんの姿を通じて、私はそう強く確信しています。

医療において、命にダイレクトに関わってくる分野はもちろん必要不可欠なものですが、アンチエイジングのような生活の質（QOL）を高める分野も大切だと実感しています。

私はこれまで約20年間、医師として日々過ごす中で、**「皮膚科学をもっと大きな視点で柔軟に考えることが必要」**と感じていました。

そこで、私はそれを**「ポジティブ皮膚科学」**と名付けました。

閉塞感漂う現在の日本ですが、本書で紹介する「見た目を若返らせる**『ポジティブ皮膚科学』」は、必ずや日本の活力につながっていく**と強く信じています。

▼▼▼ 皮膚は人の内面を映す鏡

「外見」に気を配るメリットは、「見た目」だけの問題ではありません。健康にも大

★
皮膚は、目に見えている臓器。
内臓と皮膚はリンクしている!

いに関係しています。

ほとんどの人は意識しないと思いますが、じつは**皮膚は「臓器」のひとつ**です。つまりその意味では、心臓や肺、肝臓や腎臓などと同じなのです。

いわば**「皮膚」は、目に見えている臓器**という大きな特徴があります。

肌荒れや色素の沈着など、一見、ただの皮膚の症状のように見えることが、じつは内臓疾患の兆候が皮膚にサインとしてあらわれていることもあります。

たとえば肝臓や腎臓が悪い人で、皮膚がかゆくなるケースがあります。また、糖尿病の人でも「皮膚がかゆい」という人がいたりします。

私たち皮膚科医は皮膚自体の病気を治療することが主な仕事ですが、皮膚の疾患以外にも目を向けて、ほかの臓器の疾患が「皮膚の症状」としてあらわれているのを発見することも、ひとつの仕事なのです。

そういう意味では、**内臓と皮膚はリンクしている**わけです。

また、いま述べたほかの臓器との関係と同じように、**皮膚は心や神経の領域とも深く関係**しています。

ストレスがあるとニキビができたり、疲れていると目にくまができたりといったケースは誰でも経験があるのではないでしょうか。

そのように、皮膚と心や神経の結びつきによって起こる病気は少なくありません。人体の発生を考えると、皮膚と神経はじつは同じ系統なのです。

つまり**「皮膚は内面を映す鏡」であり、皮膚には「体の内部情報」が反映されている**といえるのです。

本書では「見た目の若さ」を軸として「外見力」をアップさせる秘訣とともに、**皮膚を通した健康状態のチェック方法についてもお伝えしたい**と思います。

▼▼▼「見た目が若い」人は内臓も若い？

私たち皮膚科医は日々の診察において、いろいろな人の皮膚の状態を観察します。すると傾向として、**肌がきれいで「見た目」が若い人は、内臓も若くて健康**ということが多々あります。

細胞は老化したり、外からの刺激によって**「酸化ダメージ」**を受けます。これに対抗するのが**「抗酸化力」**です。この抗酸化力は、人によって違いがあります。

★外見力をアップさせることは、健康を保つことにもつながる！

つまり、**「見た目が若い」ということは、言い換えれば「抗酸化力が高い人」ということ**もできるわけです。

逆にいうと、肌にハリがなくて調子が悪いというときは、内臓が疲れているとか、内臓疾患がある可能性もあるわけです。肌の調子は一種のシグナルといえます。

つまり**「外見力をアップさせる」**ことは、仕事や人間関係をよくするばかりでなく、**健康を保つことにもつながる**わけです。

その意味では**「見た目は万能」**といっても過言ではありません。

皮膚科学と関連づけ、人生を好転させるコンセプトまで高めた実用書は、これまで存在していないのではないでしょうか。本書を読んでいただき、これまで以上に「皮膚」という臓器に関心をもっていただけたら、大変うれしく思います。

本書の大きなポイントは**「書かれていること全部を実行する必要はない」**ということです。

私は自分の立場を最大限に活かしてグローバルな視点からの皮膚科情報をできるだけ多く提供しますので、みなさんはそれらの中から、気に入ったものだけを取り入れていただければと思います。

本の読み方も、どこから読んでいただいてもいいですし、逆にいえば興味のないところは飛ばしていただいてもいいと思います。

ひとつでもふたつでも日常の中に取り入れていただければ、十分に効果があらわれると確信しています。

ではさっそく、**「アメリカ、イギリスを中心としたグローバル皮膚科学の視点で、「外見力」をアップする**方法についてお話ししていきましょう。

〔目次〕

ハーバード現役研究員の皮膚科医が書いた

見た目が10歳若くなる本

はじめに　「見た目」が10歳若返れば、人生が変わる！――あなたは「外見力」に自信がありますか？　001

▼外見が若いほうが、人生はうまくいく　001
▼世界のパワーエリートは「見た目」が若い　003
▼日本のビジネスパーソンは「外見」で損をしている　004
▼見た目が10歳若くなる「最新皮膚科学」がもつ力　006
▼外見に自信がもてれば、人生はいっきに好転する！　008
▼皮膚は人の内面を映す鏡　009
▼「見た目が若い」人は内臓も若い？　011

第1章……男性も女性も、第一印象を決めるのはやっぱり「肌」！
たった7つのメソッドで、「見た目」は劇的に若返る！
――外見力がみるみるアップする！　最先端の「肌ケア」7大メソッド　029

▼まずは、あなたの「見た目の若さ」に対する関心度をチェック！　030
▼欧米のエリートは、男女とも「美肌意識」が高い　032
▼5つの「老け見え」ポイント　033

基本の肌ケア

1 顔を「正しく」洗う――何を使って、どのくらいの頻度で洗えばいい？　035

▼「洗顔」でいちばん大切なことは？　035

ドクター小川のソレ誤解です！▼「洗顔ソープ」と「ボディソープ」は同じもので済ませていい？　038

2 「保湿」で乾燥を防ぐ――10年後、20年後の若さを左右する　040

▼「乾燥」は肌の大敵！　040

耳寄りコラム　肌には「4つのタイプ」がある　041

▼保湿剤を使うコツは？　043

3 紫外線対策こそ、基本かつ王道――「紫外線」を制する人は、「若見え」を制す　045

▼紫外線による「光老化」が皮膚にさまざまな悪影響を及ぼす　045

耳寄りコラム　欧米の紫外線ケアは、ここまで進んでいる　047

▼皮膚がんは、世界的にも増えている　048

ハーバードからの最新報告　客室乗務員は、皮膚がんになりやすい？　050

ドクター小川のソレ誤解です！▼「骨を強くするためには日光浴が必要」のウソ　051

▼いま浴びた紫外線が10年後、20年後の「シミ」「シワ」「たるみ」に　052

耳寄りコラム　日焼け後の「3つの肌タイプ」　054

▼紫外線対策のポイントは5つある　056

耳寄りコラム　軽視している人が意外と多い！「屋内の紫外線」対策　061

耳寄りコラム　「飲む日焼け止め」は効果あり？　064
ドクター小川のソレ誤解です！▼「ビタミンC」は、たくさん摂取したほうがいい!?　067

4
シミ対策を「正しく」行う——シミの種類に合わせた対処法を　069
▼▼▼シミには「種類」がある！　069
耳寄りコラム　夢の「シミの消しゴム」が開発された!?　070

5
シワ、たるみ対策を「正しく」行う——「老け見え」ナンバーワンの原因　072
▼▼▼「顔」を鍛えてシワを追い出す　072
ハーバードからの最新報告　夢の「第二の皮膚」で、たるんだ肌がよみがえる？　073
▼▼▼年齢が出る首のシワ　074
耳寄りコラム　シワ対策には「トマト」「チョコ」「キュウリ」が効果的？　076

6
ニキビ対策を「正しく」行う——早く、きれいに治したい人に　078
▼▼▼大人もニキビで悩んでいる　078
耳寄りコラム　ニキビを早く治したいなら、皮膚科へ行こう！　079

7
くま対策をしっかりする——いっきに「老け見え」が加速！　081
▼▼▼くまは「老け見え」の元凶　081
▼▼▼5年後、10年後の「見た目の若さ」をキープするために　083
耳寄りコラム　究極のアンチエイジング「マイクロニードルセラピー」&「PRP療法」　084

第2章……見た目年齢は「腸年齢」で決まる！
——スーパーフードで10歳若返る欧米流「最高の食事術」　089

▼▼▼肌年齢は腸年齢！　腸がきれいな人ほど、肌が若い
——「7つのコツ」で食習慣を変えれば、外見力が数段アップする　090

若返る食事術

1 「ミネラルウォーター・ローテーション」で水の飲み方にこだわる　091
耳寄りコラム「飲む」だけでアンチエイジング！「ミネラルウォーター・ローテーション」　093

2 「ヨーグルト・ローテーション」で健康増進効果を最大化させる　094

3 「食物繊維」を意識して摂取する　096

4 アンチエイジング効果を高める「コーヒー」「紅茶」の上手な飲み方　098
ハーバードからの最新報告　コーヒーと「がん」「うつ」の関係　101

5 若返り効果をもたらす「ワイン」「ウイスキー」の上手な飲み方　104
ハーバードからの最新報告「毎日ワイン2杯」でやせる？　105

6 強力なアンチエイジング効果がある「ナッツ」で上手に間食を 107
ハーバードからの最新報告 ナッツには「寿命を延ばす効果」がある 109
7 ジャンクフードなど「老化を早める食べ物」を避ける 110
ハーバードからの最新報告 ジャンクフードのとりすぎは精子を傷つける 111
▼「10種のスーパーフード」で、見た目年齢マイナス10歳が可能になる！ 113
スーパーフード
1 スキール（アイスランドヨーグルト）――世界中で人気！「ヨーグルト・ローテーション」に取り入れたい 114
2 カカオニブ――「神の食べ物」と呼ばれるほどの栄養価 115
3 コンブチャ（KOMBUCHA）――全米で大流行！じつは日本発の「紅茶キノコ」 117
4 アボカド――「世界一栄養価が高い果物」でギネス認定 118
5 キヌア――NASAも注目する「21世紀の主食」！クセのない味わい 120
6 アサイー――「ブラジルの奇跡」と呼ばれ、強力な抗酸化力をもつ 121
7 ビーツ――「食べる血液」といわれるほどビタミンやミネラル、NO（一酸化窒素）が豊富 122
8 ケール――「メラトニン効果」で寝つきをよくし、睡眠の質を上げる 123

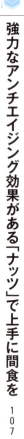

9 抹茶――「カテキン」「テアニン」が豊富で、アメリカで空前の大ブーム 124
10 カリフラワーライス――ご飯より断然、ローカロリー！「白米の代用食」に 125
ハーバードからの最新報告 ハーバードで研究開発中の「寿命を100歳まで延ばす薬」 127

第3章……毎日の習慣で「外見力」を磨く！
――西洋文化と東洋文化の融合「ライフスタイル術」 129

▼▼▼皮膚は心の状態が反映されやすい「表現の器官」――肌にとってストレスは大敵 130
耳寄りコラム 皮膚は「心の状態が反映されやすい」臓器 131
▼▼▼心と体のバランスが大切な「生活術」
――肌ケアをしても肌がきれいにならない理由は？ 132

最高の生活術 1 正しい「睡眠」のとり方
――眠りに対する「新しい科学」を取り入れ、枕を工夫する 133
▼▼▼細胞の修復作業を怠ることなかれ 133
▼▼▼快眠のための環境を整備しよう 135

2

耳寄りコラム 「いい食事」は「いい睡眠」を呼ぶ？ 136

正しい「入浴」の仕方――「入浴剤ローテーション」を取り入れてみよう 138

▼ストレス解消も「若見え」のカギ 138

▼「入浴剤ローテーション」のすすめ 139

耳寄りコラム 台湾でブーム！ 注目の「へそ美容」 141

3

正しい「運動」の仕方

――運動しないと10歳老ける！「スロージョギング」のすすめ 142

▼ジョギングとストレスの相関関係は？ 142

ハーバードからの最新報告 「運動がもたらすメリット」の興味深い研究 144

4

きちんと「禁煙」しよう

――アメリカのパワーエリートでは、もはや当たり前！ 145

▼タバコには60種類以上の「発がん物質」「発がん促進物質」が入っている 145

ハーバードからの最新報告 「友人が少ない」ことは喫煙と同程度のリスク？ 147

5

「スマートフォン」の正しい使い方――ブルーライトは「老け見え」の大きな要因になる！ 149

▼「ブルーライト対策」をしていますか？ 149

ハーバードからの最新報告 寝る前の読書は「紙の本」がいい 151

第4章……「髪」が変わるだけで、驚くほど若返る！
――「髪のケア」世界の最新事情　153

▼髪は外見力の決め手！――毎日のちょっとした習慣で、いっきにマイナス10歳！　154
▼間違っていませんか？「シャンプー&リンス」の正しい方法　155
▼正しい「髪の乾かし方」は？　158
▼正しい「ブラッシングの方法」は？　159
▼「頭皮のかゆみ」どうすればいい？　160
▼スマホで「頭皮」が痛くなる？　163
▼「髪の毛のトラブル」どうすればいい？　164
耳寄りコラム　人種によって、髪のダメージが違う？　167

髪ケアの基本1
「薄毛・脱毛」の対処法――ポジティブにとらえることも若見えのカギ　169
▼「ハゲがイケてる」時代到来!?　169
耳寄りコラム　欧米では「薄毛」のほうがモテる？　171
▼薄毛・脱毛の治療法と予防法は？　172
ハーバードからの最新報告　薄毛になりたくなければ、禁煙は必須　173

▼ 薄毛治療の最先端　174

耳寄りコラム　注意！「若ハゲ」「若白髪」の人に心がけてほしいこと　176

▼ 女性の脱毛症　177

▼ 脱毛の背後に「病気」が隠れている!?　179

▼ 自分でできる薄毛ケアは？　180

▼ 髪にいい栄養素について　182

▼ まつ毛の育毛剤と美容液　183

2 「白髪」の対処法——見た目年齢を大きく左右！どうすればいい？　184

▼ 「白髪」にも2種類ある　184

第5章……最低限「これ」をするだけでも見た目がまったく変わる！
——世界基準の常識・その他のケア　187

▼ 人に不快感を与えないためのケアとは？　188

マイナスを防ぐ 1 男性も女性も気をつけたい「手と爪」のケア　189

▼▼▼ できるビジネスパーソンは「指先」にも気を配る　189
▼▼▼ 8割の人が間違っている「爪の切り方」　190
▼▼▼ 爪の保湿　192
▼▼▼ 「甘皮」をとってはいけない！　193
▼▼▼ 爪から健康状態がわかる!?　194
耳寄りコラム　爪は健康のバロメーター——爪からわかる「体調不良のサイン」は？　195
▼▼▼ 油で膜を張って手荒れを防ぐ　197

2 スメルマネジメントは世界の常識「体臭」ケア　199
▼▼▼ 年齢がバレる「加齢臭」、どうすればいい？　199
▼▼▼ 気になる人も多い「ワキガ」、どうすればいい？　202
▼▼▼ 世界中で嫌われる「足のニオイ」、どうすればいい？　204
耳寄りコラム　「皮膚のニオイ」で、がんを見つけられる？　205
ドクター小川のソレ誤解です！▼健康サンダルは足にいい!?　207

3 至近距離に自信がありますか？　とくに気になる「口臭」ケア　208
▼▼▼ 口臭には2パターンある　208

4 思った以上に肌にダメージあり　正しい「ヒゲ剃り」の仕方　210
▼▼▼ 毎日何も意識せず剃っていると……　210

▼あなたはどっち？ 電気シェーバー派 vs. カミソリ派 211
ドクター小川のソレ誤解です！▼欧米と日本の「美意識」の違い 212

5
できる男は必ずやっている「眉のトリミング」 214
▼眉カットで差をつける 214
耳寄りコラム 私がやっている簡単スキンケアは？ 215

特別付録1
男性に朗報！「やっぱりケアは面倒くさい……」という人へ
──たったこれだけ！〈男性向け〉超シンプル・メソッド 218
▼面倒くさがりの人でも大丈夫！
外見力が驚くほど見違える「2ステップスキンケア」 218
▼たったこれだけ！「2ステップスキンケア」で、
まずは見た目年齢マイナス5歳を目指す 220
耳寄りコラム 何を選ぶ？ 男性のスキンケア用品 222

特別付録2
女性に朗報！ イギリス発「5：2スキンダイエット」のすすめ
──たったこれだけ！〈女性向け〉超シンプル・メソッド 224

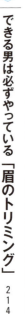

▼忙しい女性のためのスキンケア法 224

特別付録3
ドクター小川の「見た目が10歳若くなる」30のポイントを一挙公開！ 226

おわりに 「ポジティブ皮膚科学」にはとてつもない潜在力がある 231

出典・参考文献リスト 234

第1章

男性も女性も、第一印象を決めるのはやっぱり「肌」! たった7つのメソッドで、「見た目」は劇的に若返る!

——外見力がみるみるアップする!
最先端の「肌ケア」7大メソッド

▼▼▼ まずは、あなたの「見た目の若さ」に対する関心度をチェック！

まず次のテストで、あなたの「見た目の若さ」に対する関心度をチェックしてみてください。

「イエス」の数が多いほど、10年後、20年後に若さを保っていられる可能性が高いといえます。逆に、「ノー」の数が多いほど要注意です。

	（イエス）	（ノー）
① 朝晩2回、洗顔料を使って洗顔をしている	□	□
② 日常生活で保湿に気を遣っている	□	□
③ 紫外線対策をしている	□	□
④ 十分な睡眠をとっている	□	□
⑤ 1日30分以上運動をしている	□	□
⑥ 食事は栄養バランスを考えて食べている	□	□
⑦ 腸内環境を意識して食事をしている	□	□

⑧ 体の健康に気を遣いながらお酒を飲んでいる □ □
⑨ タバコは吸わない □ □
⑩ 髪型はよく変えるほうだ □ □
⑪ 抜け毛について意識している □ □
⑫ 爪の手入れを怠らない □ □
⑬ 見た目だけでなく、ニオイにも気を遣っている □ □
⑭ シワやくすみなど、顔のアンチエイジングについて意識している □ □
⑮ よく「実年齢より若い」といわれる □ □

【チェック方法】

「イエス」の数が0～5個……「見た目の若さ」に対する関心が低い

「イエス」の数が6～10個……「見た目の若さ」に対する関心はまあまあ

「イエス」の数が11～15個……「見た目の若さ」に対する関心が高い

いかがでしたか？

● 「イエス」の数が0〜5個の人
↓**かなり改善する必要がありそう**です。この本で驚くほど「見た目」が磨けるでしょう。
● 「イエス」の数が6〜10個の人
↓**まだまだ改善の余地がありそう**です。ぜひ、この本の内容を生活の中で役立ててください。
● 「イエス」の数が11〜15個の人
↓**現状をキープ**し、この本で**さらに「外見力」に磨きをかけてほしい**と思います。

▼▼▼ 欧米のエリートは、男女とも「美肌意識」が高い

この章では、**「見た目が10歳若返る」ための、グローバル皮膚科学にもとづいた肌ケア**を紹介します。

「はじめに」で述べたように、欧米のエリートのほとんどは、きっちり肌のケアをしています。肌が荒れていたり、カミソリ負けをしているような人はあまり見かけま

せん。

それに比べると、**日本人男性は、肌のケアに気を遣っている人は少ない**ように思います。

女性は肌荒れやくまがあってもメイクである程度は隠せますが、男性はそれが難しく、要は**「素」で勝負するしかない**わけで、その分、**日常のケアが重要**といえます。

私も診察をしていると、中高年であっても皮膚がとても若い人がいます。そういう人たちの話を聞くと、やはり**「見た目に関する意識」が違う**のです。

男性であっても、みなさん保湿など肌のケアをきちんとしているし、食生活にも気を配っています。野菜、果物などをバランスよく食べている人も多いものです。

要は、**日々の「ちょっとした意識の差」が10年後、20年後の若さを決める**のです。

5つの「老け見え」ポイント

では「見た目が若い人」と「老けて見える人」はどこが違うのか。

「老け見え」のポイントは、大きく分けて次の5つになります。

★
日々の「ちょっとした意識の差」が
10年後、20年後の若さを決める

①目の外側のシワ
②目の下のたるみ
③くま
④肌のくすみ
⑤髪の毛の量

「①目の外側のシワ」「②目の下のたるみ」「③くま」というのは、**人は目を見て話すので、やはり目のまわりの印象は大きい**からです。

また、「④肌のくすみ」については、男性には「肌の手入れをほとんどしていない」という人も多いと思います。

しかし、そういう人ほど肌の手入れは若返りのチャンスで、**少しでも手入れをすると、男性でもビックリするほど効果があらわれる**ものです。

一方で、女性はみなさん、いろいろケアをしていると思います。

ただ残念なことに、**「最新皮膚科学」の見地から見ると、「正しくないケア」をしている**ケースもあります。すると、一生懸命ケアしたつもりが逆効果ということにもなりかねません。

肌のケアもどんどん進化していますから、**グローバルな視点での皮膚科学にもとづいた最新の方法**をぜひ知ってください。

ではさっそく、**誰でも無理なく簡単にできる「基本の肌ケア」とそのコツ**を具体的に紹介していきます。

基本の肌ケア 1

顔を「正しく」洗う
何を使って、どのくらいの頻度で洗えばいい？

▼▼▼「洗顔」でいちばん大切なことは？

顔の手入れで、まず基本となるのは、洗顔です。

誰でも毎日、顔を洗うと思いますが、意外と間違った洗顔をしている人も多いので、ここで一度確認してください。

洗顔で最も大事なことはズバリ、**「肌の適正環境」を保つ**ということです。

そのためには次のポイントが大事です。

★洗う回数は？

顔を洗う回数は、**朝晩２回が基本**です。それ以外にも、汚れを感じたときには、適宜洗うのはＯＫです。

顔を洗うときは、**朝であっても洗顔料を使う**のがおすすめです。洗顔料を使ったほうが、皮脂や汚れが適切にとれるからです。

ただし、**洗顔のしすぎは逆効果**です。

皮膚には「皮脂膜」という油の膜がありますが、これは皮膚を守るバリアの役目もしています。洗いすぎると、この皮脂膜がとれてしまい、皮膚環境が乱れてしまうからです。

★洗顔料の種類は？

「肌への刺激を少なくする」ために、**洗顔料は「低刺激性」のものを選ぶ**ようにしてください。

肌は弱酸性ですから、**「弱酸性」の洗顔料がおすすめ**です。**普通の石鹸は「弱アルカリ性」なので、肌にとっては多少なりとも刺激となります。**

★洗い方は?

洗顔料や石鹸は直接、肌にこすりつけるのではなく、必ず泡立ててからつけることが大切です。

これも、同じく「刺激を避ける」ためです。

100円ショップなどで「泡立てネット」が売られていますから、そういうものを利用するのもいいと思います。

★洗い終わったあとは?

それから、顔を洗ったあと、タオルでゴシゴシ拭いている人はいませんか?

顔を洗ったあとにタオルでゴシゴシ拭くのは、やってはいけないことのナンバーワンです。

皮膚には「摩擦」が大敵です。

★

皮膚には「摩擦」が大敵。
洗顔後、タオルでゴシゴシ拭くのはやめよう

「摩擦黒皮症」や「ナイロンタオル皮膚炎」という病気があります。これらはいずれも、摩擦が皮膚にダメージを与えて、炎症を起こすものです。**洗顔後は、タオルでやさしく押さえて水分をとる**ようにしてください。

ドクター小川のココがポイント 01

★「顔の洗い方」を間違えている人は多い。皮膚には「摩擦」が大敵。タオルでゴシゴシ拭くのは、やってはいけない行為ナンバーワン。

ドクター小川のソレ誤解です！

▼「洗顔ソープ」と「ボディソープ」は同じもので済ませていい？

男性は、洗顔料を使わずに、普通の石鹸やボディソープで顔も体も一緒に洗ってしまう人も多いようですが、**「顔用」と「体用」の石鹸は区別**して考えたほうがいいと思います。

なぜなら、**皮膚の構造を考えると、「顔の皮膚」と「体の皮膚」では違う**からです。

基本的に**顔は皮膚が薄く、体は皮膚が厚い**のです。

体の部位によって、厚さが違うということです。ちなみに手のひら、足の裏はいちばん厚いといえます。

実際、皮膚科医が処方する塗り薬も、手のひらや足の裏に使うものと顔に使うものは違うことがあります。

その意味でも、ボディとは別に洗顔料を用意することをおすすめします。

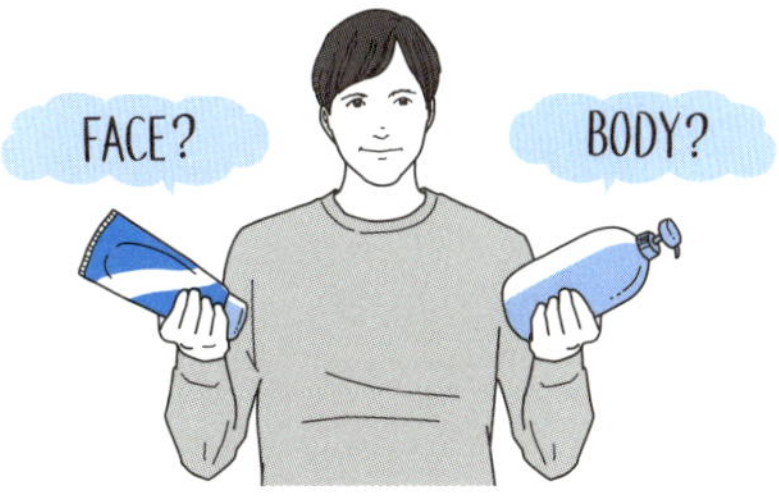

基本の肌ケア 2

「保湿」で乾燥を防ぐ 10年後、20年後の若さを左右する

「乾燥」は肌の大敵！

「乾燥が肌の大敵」ということは、女性なら誰しもご存じでしょう。

しかし、わかってはいるけれど、乾燥に悩んでいるという人は多いものです。

一方、男性は冬場など、乾燥で肌がカサカサしてもそのまま放置していたりします。

乾燥は肌荒れ、かゆみ、乾燥ジワなど、トラブルのもとになります。つまり、**乾燥を放っておくと、どんどん「老け見え」を加速させてしまう**のです。

肌には「キメ」があります。

「キメ」とは、皮膚表面の網目状の溝（皮溝《ひこう》）と、溝でできた盛り上がり部分（皮丘《ひきゅう》）で囲まれた凹凸のことを指します。

拡大鏡で見ると、健康的な美しい肌は、この溝がはっきりしていて、溝で囲まれた

部分がみずみずしく盛り上がって見えます。逆に乾燥した肌は溝が浅くなったり、本来盛り上がっているべき部分がしぼんで、「キメ」が乱れています。

つまり、**「見た目」を若く見せる秘訣は、「キメ」のこの状態が保てるように、清潔さを保ちつつ、水分をたっぷり含んだ肌を維持する**ことなのです。

肌には「4つのタイプ」がある

正しい肌ケアのためには、**まずは「自分自身の肌質」を正しく認識することがスタート**となります。

肌質には**「①乾燥肌」「②脂性肌」「③乾燥型脂性肌」**、そして**「④普通肌」**の**4つのタイプ**があります。

「①乾燥肌」は、皮膚の角質の水分量が低下して、乾燥のために皮膚がはがれやすくなっているザラザラした皮膚です。

「②脂性肌」は、脂が多くてベトベトした状態です。

また、「③乾燥型脂性肌」は、「①乾燥肌」と「②脂性肌」の混在し

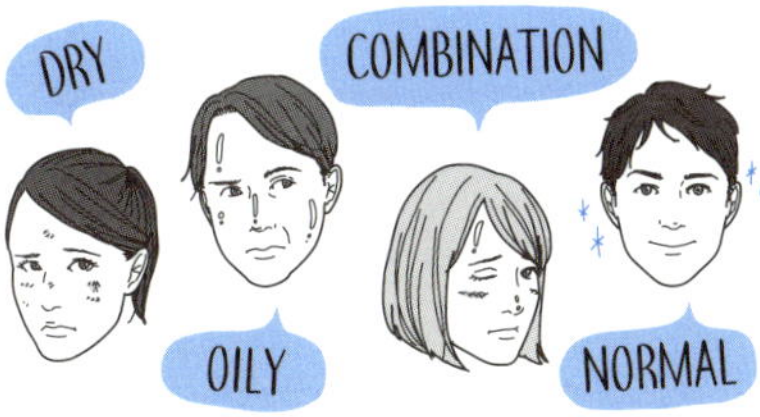

た状態をいいます。

そして、「④普通肌」は、皮脂も水分も適度な肌をいいます。

この分類は、基本的に皮脂の分泌量によるものであり、**同じ人でも年間を通じて変化する**ことに特徴があります。

ですので、**自分自身の肌がいま「どのスキンタイプにあるのか」を意識**して、たとえば「①乾燥肌」であるならば保湿をこまめにするなど、**なるべく「④普通肌」に持っていこうとする日々の意識が大切**になります。


では、どうすれば「④普通肌」の状態をできるだけ維持できるのでしょうか。

それには、いま述べたように、**「保湿」がポイント**になります。保湿をすることで、油分と水分のバランスが整うのです。

肌ケアのポイントは、ズバリ「保湿」なのです。

▼▼▼ 保湿剤を使うコツは？

ここまでで**「皮膚の潤いを保つためには、皮膚の水分保持が大切」**ということが、まずはご理解いただけたかと思います。

「乾燥肌」の人も、「脂性肌」の人も、保湿剤の使用が必要になります。

では、どんな保湿剤を使えばいいのでしょうか。

いろいろな種類があるので、選び方のコツと使用方法を説明しましょう。

★種類は？

保湿剤は2つに大別できます。

ひとつは皮膚表面に油の膜をつくって、水分の蒸発を防ぐ機能をもつもの。**「ワセリン」**がこれに当たります。

そしてもうひとつは、皮膚に水分を与えるメカニズムをもつもの。**「尿素」**などがこれに当たります。ただし、尿素軟膏は刺激が強いため、顔に使うのは避けましょう。

手足などに亀裂（裂け目）がある場合も使用を避けたほうがいいでしょう。

保湿剤には、軟膏やクリーム、ローションといったものがありますので、**自分の使い心地のいいものを選ぶ**ことをおすすめします。

★塗るタイミングは？

保湿剤は**「塗るタイミング」が大事**です。

保湿剤は入浴後、5分以内に使うことがポイントです。

ちょっと肌が濡れているぐらいのときに塗るのがいちばん効果的で、おすすめは**入浴後ただちに塗る**ことです。**朝であれば洗顔後、すぐに塗る**のがおすすめです。

同じ保湿剤でも、どれだけ肌になじむかによって効果が違いますから、塗るタイミングは心がけたほうがいいと思います。

★塗る回数は？

入浴後以外で塗る回数は「乾燥時に適宜」で大丈夫です。

たとえば、高齢の人で肌荒れがひどく、粉が吹いているような場合は、1日に何度か、乾燥時に塗布するといいでしょう。

ドクター小川のココがポイント 02

★「肌のタイプ」には4つある。自分のタイプを知り、「肌の水分」を維持するのが、「見た目」を若く保つ秘訣。

基本の肌ケア 3

紫外線対策こそ、基本かつ王道

「紫外線」を制する人は、「若見え」を制す

▼▼▼ 紫外線による「光老化」が皮膚にさまざまな悪影響を及ぼす

肌ケアの3番目は紫外線対策です。

この**紫外線対策こそ、見た目の若さを保つ基本かつ王道**です。

「紫外線が肌に悪い」というのは、みなさんよくご存じだと思います。

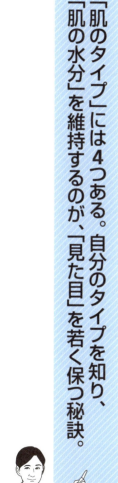

紫外線は波長の違いによって、「UVA（長波長紫外線）」「UVB（中波長紫外線）」「UVC（短波長紫外線）」の3つに分かれます。

このうち「UVB（中波長紫外線）」の一部と「UVC（短波長紫外線）」はオゾン層で吸収されます。

皮膚に影響を与えるのは、「UVA（長波長紫外線）」とオゾン層で吸収されない「UVB」の一部です。

「UVB」は赤みを増す作用が強く、浴びすぎると発がん作用があります。

一方、「UVA」は「UVB」に比べて作用が弱いのですが、**発がん作用や皮膚の老化（シミ、シワなど）にも関係**しています。

紫外線量は季節や天候、住んでいる場所や生活スタイルによっても異なり、たとえば**北海道と沖縄では、年間の紫外線量が2倍くらい異なる**といわれています。

紫外線は「光老化」といって、細胞を老化させるばかりでなく、皮膚の細胞の遺伝子を傷つけ、皮膚がんを発生させるリスクもあります。

皮膚がん発症の危険因子としては、幼児期に大量の紫外線に当たること、あるいは間欠的に大量の紫外線に当たることが指摘されています。

紫外線問題は、じつは子どものころから気をつけたい問題なのです。

欧米の紫外線ケアは、ここまで進んでいる

欧米の紫外線ケア事情というと、「ビーチやプールサイドで寝そべって日焼けをする人が多い」「あまり紫外線ケアをしていない」というイメージがあるかもしれません。

たしかに、一部ではそういう「紫外線に無頓着な人」がいるのも事実ですが、**「紫外線ＮＧ」に対する意識の高まりは、私がアメリカやイギリスで過ごしていても日々感じるところ**です。

たとえば、ロサンゼルスなどのカリフォルニア州では、アメリカの中でも紫外線防御の意識が高いといわれています。

この**カリフォルニア州では、18歳未満の若者の日焼けサロンの入店が禁止**されています。

また、オーストラリアでは**皮膚がん患者の増加により、紫外線対策が大きな社会問題のひとつ**となっており、国を挙げて紫外線対策に乗り出しています。

ガイドラインの作成、パンフレットの発行、紫外線対策のための各種グッズなどを販売したりしています。

また現地の小学校では、「紫外線からの目の保護」という意味で、サングラス着用が義務づけられたり、紫外線の強い日には屋外での活動を控えるなどの措置がとられることもあるそうです。

オーストラリアは、紫外線対策の先進国といえるのです。

皮膚がんは、世界的にも増えている

皮膚がんについて触れましたが、**世界的にも皮膚がんは増加傾向**にあります。

イギリスにおいては、皮膚がんの代表格である「悪性黒色腫（メラノーマ）」の発症率が、40年前と比べて5倍になったという調査結果が、2014年、イギリスがん研究センター（Cancer Research UK）より発表されました[1]。

またアメリカ皮膚科学会によれば、**毎年200万人以上のアメリカ人が皮膚がんの診断をされている**とのことです。

かつて私がサンフランシスコで参加した、アメリカ皮膚科学会の産業展示ブースには、大々的に紫外線防止に関するさまざまな商品が展示されており、とても強く記憶に残っています。

ご存じのように多人種で構成されているアメリカ社会ですが、2014年、「有色人種における皮膚がんと光防御」について、アメリカ皮膚科学会の研究が発表されました。[2]

それによると、**アジア系アメリカンなどの有色人種は、白色人種に比べると発症リスクは低いものの、免疫があるわけではなく、進行してから発見されることが多い**という特徴があることなどが指摘されています。

日本でも皮膚がんは増加傾向にあります。しかし、日本の紫外線対策は十分とはいいがたい状況にあります。

子どもの紫外線対策も遅れています。

「化粧につながる」として日焼け止めの使用を禁止する学校もあると聞きます。

もっと危機感をもって、紫外線対策に本腰を入れて取り組んでほしいと思います。

ハーバードからの最新報告

客室乗務員は、皮膚がんになりやすい？

ハーバード大学の2018年の研究によれば、「客室乗務員（キャビンアテンダント）の職についている人たちは、皮膚がんの罹患率が優位に高い」という研究結果が出ています。[3]

また皮膚がん以外にも乳がん、子宮がん、消化管がん、甲状腺がん、子宮頸がんなどの発症率が、一般人に比べて高いとされています。

報告では原因は明らかにされていませんが、飛行機に乗っている間に浴びる宇宙放射線を軽減させること、体内リズムの調整などの対策を立てることを提唱しています。

キャビンアテンダントは女性に人気の職業ですが、労働環境はなかなか厳しいものがあるようです。

ドクター小川のソレ誤解です！▼

「骨を強くするためには日光浴が必要」のウソ

紫外線が皮膚にダメージを与えるという認識が広まる一方で、「太陽は浴びたほうが健康にいい」という昔からの通説があります。

これは紫外線を浴びることによって、体内で必要な「ビタミンD」が生成されるためです。ビタミンDは骨をつくる働きに関係がありますから、かつては「子どもは外で遊んで日光を浴びなさい」といわれたものです。

しかし**「ビタミンD」は、わざわざ紫外線で生成しなくても、イワシやサンマなどの魚類、キノコ類などに多く含まれていますから、食事でとれば十分**です。

アメリカ皮膚科学会も**「『ビタミンD』のために紫外線を浴びるべきではない」**として、食事やサプリメントなどからの摂取を推奨しています。

現代社会においても「骨を強くするために日光浴が必要」と誤解している人がいますが、これだけ**「紫外線の皮膚に与える害」が解明されている現代**

においては**「古い認識」**といえます。

また時期や場所などによって異なりますが、**「ビタミンD」は手のひらや手の甲に10分程度紫外線を浴びるだけで、1日に必要な分が生成される**といわれます。

それを考えただけでも、**「本格的な日焼けは『メリット』より『リスク』のほうが大きい」「皮膚にとって紫外線は有害で、防御する対象である」と考えたほうが「見た目の若さ」にも、健康にもいい**のです。

▼▼▼ いま浴びた紫外線が10年後、20年後の「シミ」「シワ」「たるみ」に

「紫外線＝有害」ということがわかっている人、とりわけ意識の高い女性のみなさんは、「日焼け止め」を塗ったり、帽子をかぶったり、しっかりケアをしている人も多いと思います。

しかし、そこに**水を差すようなことをいいますが、「紫外線は青年期までに一生に**

浴びる分の半分以上を浴びてしまう」といわれています。

青年期までに浴びてしまった紫外線のダメージが30代、40代になって「シミ」「シワ」あるいは「たるみ」としてあらわれるわけです。

「では、大人になってから紫外線を防いでも遅いの？」

とショックを受けるかもしれませんが、それでもやはり紫外線対策は必要と考えます。

いま浴びてしまった紫外線はさらに10年後、20年後の「シミ」「シワ」「たるみ」となってあらわれる可能性があるからです。

一方、男性は「紫外線などあまり気にしない」という人が多いように思います。しかし、**「見た目の若さ」を考えるならば、男性も紫外線対策は必須**です。

男性でも、若いうちから紫外線対策をした人としない人とでは、40歳、50歳になったときの肌の状態が全然違ってきます。また**紫外線対策をすることは、いろいろな皮膚疾患の予防にもつながります**。

いまからでも遅くありません。

男女を問わず、今日から紫外線ケアをしっかりしてください。

★ いま浴びた紫外線が 10年後、20年後の「シミ」「シワ」「たるみ」になる

日焼け後の「3つの肌タイプ」

日本人の日焼けに対する「肌タイプ」は、おおまかに3つに分かれます。

① 日焼けをすると、すぐに赤くなる人
② 日焼けをすると、赤くなったあと黒くなる人
③ 日焼けをすると、赤くならずに薄茶色、あるいは黒くなる人

この違いは何かというと、**「メラニン」という色素をつくる能力の違い**です。

「メラニン」は「メラノサイト」という色素細胞がつくり出します。日に当たったとき、「メラノサイト」が「メラニン」をたくさんつくる能力のある人はすぐに黒くなり、そうではない人は黒くなるまでに時間がかかるのです。

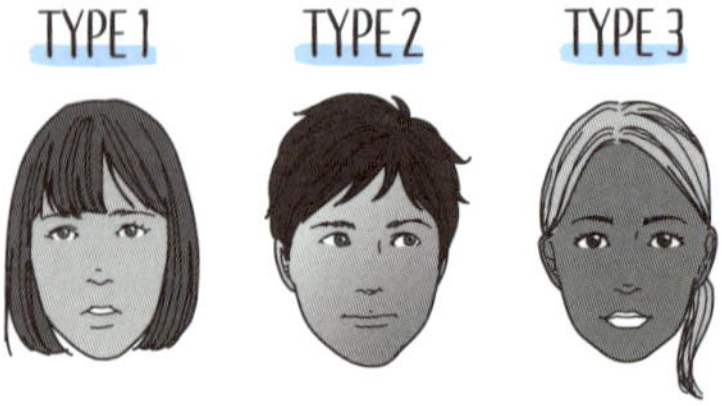

では、なぜ日に焼けると「メラニン」という色素がつくられるのか。

それは、皮膚の細胞を保護するためです。

紫外線は、皮膚の炎症を起こしたり、光老化を促進します。これに対して「メラニン」をつくって紫外線からのダメージを少なくし、皮膚の細胞の中にあるDNAを守るわけです。

となると、**「③赤くならずに薄茶色、あるいは黒くなる人」は紫外線から肌を守る力が強い人**ともいえるわけです。

逆に**「①すぐに赤くなる人」は「メラニン」によって紫外線のダメージから肌を守る力が弱い**といえます。肌が赤くなる人は、日焼けをしても黒くならないので、見た目には日焼けに強いように見えますが、じつはその逆です。

ですから、**「①すぐに赤くなる人」と、中間タイプの「②赤くなったあと黒くなる人」は、とくに気をつけて紫外線対策をしたほうがいい**といえます。

ドクター小川の
ココがポイント

03

★いま浴びた紫外線が10年後、20年後の「シミ」「シワ」「たるみ」になる。今日からでも遅くない！　紫外線ケアが、将来の「見た目の若さ」を決める。

▼▼▼ 紫外線対策のポイントは5つある

次に、紫外線をどう防御すればいいのか、具体的な対策について説明します。

長袖や帽子の着用など、服装に気をつけるのは当然として、それ以外に具体的な日々の紫外線対策は、次の5つになります。

①　メガネやサングラスで「目からの日焼け」を防ぐ
②　「紫外線が強い時間帯」の外出を避ける
③　「曇りの日」も油断しない
④　「冬」も油断は禁物

⑤「日焼け止め」を正しく使う

順番に解説していきます。

①メガネやサングラスで「目からの日焼け」を防ぐ

「目から入った紫外線が、シミやそばかすをつくる」といったら驚きますか？

あまり意識していないかもしれませんが、**紫外線は目からも入り込みます**。

紫外線は目にダメージを与え、それ自体、角膜の炎症、目の痛み、白内障などの症状を起こす恐れがあります。

また紫外線により角膜が炎症を起こすと、脳の視床下部へ信号が送られて、脳が危険を察知します。そして、体の防御反応のために、脳から「メラニン（色素）をつくれ」という指令を出します。

つまり、**目から紫外線が入ることで、紫外線を「直接」浴びていない皮膚にも、シミやそばかすができてしまう**のです。

ですから**目だけでなく、皮膚を守るためにも、目から入る紫外線対策は重要**です。

私も普段、ＵＶカットのメガネや、ＵＶカットサングラスを愛用しています。

とくに夏や紫外線の強い日には、UVカットのメガネやサングラスの着用を強くおすすめします。

②「紫外線が強い時間帯」の外出を避ける――紫外線は「想定外なところ」から攻めてくる

紫外線は当然、「上（太陽）」から降り注ぐのですが、じつはそれだけではありません。私たちは**「下」からも紫外線を浴びてしまっている**のです。

それが**「照り返し」**です。**「反射」**ともいいます。

要するに、紫外線が地面に当たって跳ね返ってくることです。これは帽子や日傘では防げません。

照り返しは**「雪で80%」「砂浜で10～25%」「コンクリートやアスファルトで10%程度」**といわれています。

雪面ではかなり「照り返し」度が高くなります。

とはいえ、スキーや海に行くときはみなさん、しっかり日焼け対策をしていると思いますが、日常の外出では、それほど気を遣っていない人も多いのではないでしょうか。**コンクリートでも10%は跳ね返りがある**わけですから、やはりそこは意識して用心しておいたほうがいいと思います。

日焼け対策をきちんとするとともに、**なるべく日陰を歩く**ようにしてください。

アメリカ皮膚科学会では、**午前10時から午後4時の日差しの強い時間帯に紫外線を避ける**ことを推奨しています。

③「曇りの日」も油断しない——曇りの日にも紫外線は降り注ぐ

これも意外な盲点かもしれませんが、太陽が顔を出していない曇りの日だからといって、安心はできません。曇りの日も紫外線は降り注いでいます。

気象庁によれば、**紫外線の量は快晴のときに比べると、「うす曇りの場合は80～90%」「曇りの場合で60%」「雨の場合は30%」**だそうです。

同じ曇りでも、雲の間から太陽が出ている場合には、雲からの散乱光が加わることによって、**快晴のときよりも多い紫外線が観測されることがある**といいます。

ですから、曇りだからといって紫外線対策をしなくていいわけではなく、外出時にはきちんと「日焼け止め」を塗るようにしてください（「日焼け止め」の正しい塗り方については62ページで改めて述べます）。

④「冬」も油断は禁物――夏より紫外線量が多いケースもあり

紫外線による皮膚へのダメージは、「紫外線の強さ×紫外線を浴びた時間」で決まります。

よって、**冬の弱い紫外線量でも、長い時間を屋外で活動していれば、状況によっては夏よりもトータルに浴びた紫外線量が多くなる**場合もありえます。

とくにスキーやスノーボードなどのウインタースポーツ、登山が好きな人、あるいは降雪量の多い地域に住む人は、より注意が必要です。雪による反射によって浴びる紫外線量は雪のない場合の倍近くになります。

また、冬でとくに気をつけたいのが「UVA（長波長紫外線）」です。「UVA」は「UVB（中波長紫外線）」に比べて、冬でも減らない特徴があります。「UVA」は、皮膚の中にある弾性線維にダメージを与え、シミやシワの原因となります。

冬でも油断せず、次のことに気をつけましょう。

- 冬も「日焼け止め」を使用する
- マフラーや帽子などファッション小物で防御する

・皮膚の乾燥を防ぎ、保湿剤を使用する

軽視している人が意外と多い！「屋内の紫外線」対策

紫外線対策というと、オフィスワーカーは「あまり関係ない」と思われるかもしれません。

しかし室内にいるからといって安心はできません。**紫外線は窓ガラスを通しても降り注いでいる**からです。

台湾の皮膚科学会が、オフィスで働く女性を対象に調査をしたところ、**窓越しに紫外線を浴びた皮膚は、そうでない皮膚に比べ、シワの数が2・6倍、シミは3・9倍**という結果が出ています[4]。

左側に窓ガラスがある席に座っていたら、左の頬ばかりシミができてしまったというケースもあります。

また意外なのは**自動車に乗っているときの紫外線**です。自動車の場合、日本は右ハンドルですから、顔の右半分、右腕に紫外線が集中しやすいのです。UVカットガラスでない場合は、この点にも注意が必要です。

⑤「日焼け止め（サンスクリーン剤）」を正しく使う――「種類」と「塗り方」に注意する

紫外線の害についてさまざまなことを述べてきましたが、**紫外線対策として最も効果的なのが「日焼け止め」**です。

いろいろな種類が出ていて、女性の場合は、お気に入りの一品がある人も多いでしょう。しかし男性の場合は「何を選んでいいのかわからない」という人が多いかもしれません。

「日焼け止め」の選び方のポイントを簡単に説明しておきます。

★「SPF」で使い分ける

ご存じの人も多いでしょうが、「日焼け止め」には「SPF（Sun Protection Factor）」という数字が書かれています。これは**紫外線の中でも皮膚がんなどの原因となる**

「UVB（中波長紫外線）」を防ぐ力の尺度です。

であれば、「SPFが高ければ高いほどいい」と思ってしまいがちですが、そうではありません。**SPFが高いものは、それだけ皮膚に対する負担も大きくなる**わけです。

ですから、**大事なことは「使い分け」**です。**日常の買い物や外出であれば、SPF30程度が適切**でしょう。**夏場のビーチやプール、スキーなど紫外線をかなり浴びる場合は、SPF50**などの高い数字のものが必要になります。

★「散乱剤」がおすすめ

また、**あまり知られていませんが、「日焼け止め」には、大きく分けて「吸収剤」と「散乱剤」の2つがあります**。

「吸収剤」は紫外線を皮膚の表面で吸収し、熱エネルギーなどに変えることで紫外線の害を防ぐものです。一方、「散乱剤」は、紫外線を反射させることで皮膚への影響を防ぎます。

皮膚科医の立場としては、**基本的には「散乱剤」をおすすめ**しています。

なぜなら、「吸収剤」はアレルギー反応を引き起こす場合があり、「散乱剤」のほうが肌にやさしいからです。

日本では吸収剤のものが多いようですが、散乱剤のものも発売されています。

その場合は**「吸収剤不使用」などとパッケージに書かれていることが多い**ようなので、パッケージをよく見て購入してください。

「飲む日焼け止め」は効果あり？

アメリカでは**「飲む日焼け止めサプリメント」**が市販されています。

日本でも通販などで見かけるようになりました。

種類はさまざまなものがありますが、一例を挙げると「Fernblock」（ファーンブロック＝シダの一種）が原料とされています。これ自体には「抗酸化作用」「免疫学的作用」などがあるとされています。

しかし、それと「紫外線防止効果がある」ということは別の話です。

アメリカ皮膚科学会では**「日焼け止めや日差しカット剤の代替とし**

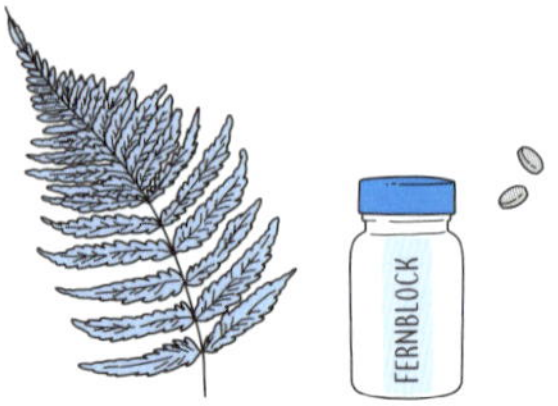

て使用すべきではない」という見解を示しています。[5]
実際、日焼け止めサプリメント単独での、**紫外線からの保護効果を示す科学的証拠は示されていない**ようです。とくに妊娠中、授乳中の使用は控えてください。
「飲む日焼け止め」というと、「多少日焼けをしても、コレさえ飲めばなんとかなる」と魅力的に感じるかもしれませんが、**現時点では「効果は少ない」と思ったほうがよさそう**です。

★塗り方は？

「日焼け止め」を使ううえで大切なのは「塗り方」です。

汗で流されてしまうことなどもあって、**日焼け止め効果が持続するのは、じつは2時間程度**です。

だから、**紫外線を浴びる状況では、2時間おきに塗り直す**ことが理想といえます。

とくに汗をかいたり、泳いだりした場合はすぐに塗り直す必要があります。

その際は前に塗ったものを洗い流さなくても**重ね塗りでOK**です。

加えて、**紫外線に当たる15分前には塗り終えておくことが大切**です。というのも肌になじむまでに15分程度かかるからです。

また「日焼け止め」は、ささっと薄く塗ったのでは効果がありません。**しっかりと厚めに塗ってこそ、効果が発揮されます**。ここは多くの人が誤解しているポイントだと思います。

さらに、**日光に当たったあとは「日焼け止め」をすみやかに落とすことも重要**です。洗顔料を使ってきちんと落とし、そのあとはしっかり保湿をしてください。

★子どもの場合は?

「日焼け止め」には、子ども用もあります。

子どもの場合は、「低刺激性のもの（散乱剤）」で「石鹸で落とせるタイプのもの」をとくにおすすめします。

ＳＰＦについては「日常の生活ではＳＰＦが15～20」「海や山ではＳＰＦ20～40」がいいといわれています。

ドクター小川のソレ誤解です！▼「ビタミンC」は、たくさん摂取したほうがいい!?

紫外線を浴びてしまったときに、頼りになる栄養素、それが「ビタミンC」です。

ビタミンCは紫外線を浴びてしまったときにメラニン色素の発生を抑え、肌の色が黒くなるのを防いでくれる働きがあります。

さらには**皮膚に蓄積された「メラニン」を無色化して色を白くしてくれる**作用もあります。

「日焼けしたときは、ビタミンCの多い食べ物をとったほうがいい」とよくいわれるのは、そのことが理由です。紫外線で影響を受けたDNAを修復したり、「メラニン色素」がつくられる働きを抑えたりするからです。

ただし、「日焼け予防として、サプリなどでビタミンCをガンガンとればいい」というのはじつは間違いです。とりすぎも、またよくないのです。

体内でビタミンCが過剰になると、酸化して「活性酸素」を発生させてし

まいます。

活性酸素は「肌の老化」を促進させてしまうので、結果として**「ビタミンCのとりすぎは逆効果」**になることも、ぜひ知っておいてください。

ドクター小川の
ココがポイント
04

★男女とも「紫外線を防ぐ」のが、「見た目の若さを保つ」基本中の基本。「5つのポイント」で紫外線を防ぎ、老け見えも皮膚がんも遠ざけよう。

基本の肌ケア 4

シミ対策を「正しく」行う
シミの種類に合わせた対処法を

▼▼▼ シミには「種類」がある！

シミは、シワと並んで肌の悩みの代表格。

とくに女性ほど悩んでいる人が多いものです。

一言で「シミ」といっても、医学的にはさまざまな疾患（たとえば「老人性色素斑《ろうじんせいしきそはん》」「脂漏性角化症《しろうせいかくかしょう》」「雀卵斑《じゃくらんはん》〈そばかす〉」など）を含んでいる場合が多いものです。

ただ、その中でも多くの人が悩んでいるのは、「老人性色素斑」と「肝斑《かんぱん》」です。

「老人性色素斑」はシミの中でいちばん多いタイプで、紫外線によるダメージの蓄積と老化によって起こります。

その多くは中年以降での発症ですが、早ければ20代からはじまることもあります。

「老人性色素斑」治療としては、レーザー治療が推奨されています。

一方、**「肝斑」は、頬骨あたりを中心に左右対称にできるシミ**です。30代~50代の女性の顔に多く発症し、原因は女性ホルモンが関わっているとされます。また最近の論文では、人種や精神状態なども影響すると指摘されています。**肝斑は、紫外線を浴びるとさらに悪化するため、まずは遮光が大切**です。

治療法としては「トラネキサム酸」（内服薬）、「ハイドロキノン」（美白外用薬）の使用がありますが、薄くはなっても根治は難しいものです。

また妊娠をきっかけとして出てくる「妊娠性肝斑」というタイプもありますが、ほとんどの場合は、分娩後に消失するので心配ありません。

耳寄りコラム

夢の「シミの消しゴム」が開発された!?

シミがあると肌はいっきに「老け見え」してしまいますが、このほど**最新テクノロジーが開発**されました。

カリフォルニア大学サンフランシスコ校（UCSF）が開発した技術で、**「ハイドロキノン」を皮膚の中へ浸透させることが可能となった**

のです。

「ハイドロキノン」には顕著な美白効果があるのですが、皮膚に塗ってもなかなか皮膚から浸透しないという問題がありました。

しかし、このテクノロジーによって、「ハイドロキノン」の効果を発揮できるようになったというわけです。

これは**「シミの消しゴム」**とも呼ばれ、**いまホットな話題**となっています。

基本の肌ケア 5

シワ、たるみ対策を「正しく」行う

「老け見え」ナンバーワンの原因

▼▼▼「顔」を鍛えてシワを追い出す

老化によって起こるシワ、たるみ……。

目や口の周囲などにとくに起こりやすいものです。

女性はもちろん、男性の中でも「シワが増えたな……」と気にしている人は大勢います。

シワは**「乾燥ジワ」「小ジワ」「大ジワ」に分類**されます。

「乾燥ジワ」は細かく浅く入るシワで、目の下などに見られます。

「小ジワ」は目尻や額などの表情筋に対して垂直方向に入る細かいシワで、「大ジワ」は口や顔の輪郭などに多く見られる大きなシワです。

シワは表皮の乾燥や細胞の老化、皮下脂肪の萎縮・下垂、表情筋の収縮・弛緩など、さまざまな要因によって発生します。

シワの改善法としては、皮膚の血液循環をよくすることを目的として、**顔のマッサージが効果的**と考えられています。これは治療というより、**予防の意味合いが強い**ものです。

また、**シワの原因が「表情筋のたるみ」であれば、表情筋を強化（トレーニング）することが大切**とも考えられています。

さらに、口の周囲のシワについては、唇をきゅっと結ぶなどの動作を続けたりせず、普段から**口元をリラックスさせること**も大切といえます。

ハーバードからの最新報告

夢の「第二の皮膚」で、たるんだ肌がよみがえる？

ハーバード大学などの研究成果として、近年、**たるんだ皮膚に弾力をもたらす透明シリコン系の薄膜シートが、世界ではじめて開発**されました[6]。

2種類のゲルを皮膚の表面に塗布し、それが固まれば、16時間以上も皮膚に密着できるということです。

固まったシートは皮膚に貼り付けていても、ちょっと見ただけではわからないともいわれています。

このシートの開発者は、この技術を**「第二の皮膚」**と呼んでいます。シワやたるみを改善させる機能に加えて、肌の水分が蒸発するのを防ぐ機能もあるとのことです。

研究チームは、100種類以上のポリマーを検討して、弾力があり、かつ透明な被膜をつくり出しました。

いままで、皮膚の弾性を回復させる技術はありませんでした。

ですので、**この新技術は極めて画期的**なものだと思います。

年齢が出る首のシワ

首のシワ、たるみは老け見えの要因。**「年齢は首にあらわれる」**というぐらい、首はその人の印象を左右します。

対策は、やはり**「紫外線を防ぐ」ことと「保湿」**です。

また日常の動作が首のシワをつくってしまうことがあります。**下を向く姿勢をなるべく避ける**ことは大切です。

そして、**日ごろから「首の皮膚をたるませない」という意識をもつこと**を心がけてください。

それから**枕も重要**です。**枕が高すぎると、首のシワの原因**になる可能性があります。

枕の高さをチェックして、調整をしてみてください。仰向けに**寝たときに、首がまっすぐになっているのが適正な枕の高さ**です。

頭が前に突き出してしまっているのは枕が高すぎ、逆にそり返っているのは枕が低すぎる可能性があります。

耳寄りコラム

シワ対策には「トマト」「チョコ」「キュウリ」が効果的?

シワ対策として忘れてはいけないのが食べ物です。

ある研究によれば、**「トマトペースト」には光による皮膚のダメージを回復させてくれる効果がある**ことが指摘されています[7]。

トマトペーストには「リコピン」という抗酸化物質が豊富に含まれており、この**リコピンの働きにより、シワとり効果がある**ということです。

また別の研究では、**「カカオ豆」にシワの形成を抑える働きがある**とされています[8]。

カカオ豆の抽出物が、皮膚の「真皮」という部分の破壊を防止することで、シワの形成を抑える可能性が指摘されています。

カカオ豆はチョコレートやココアの原料です。**チョコレートを食べて美肌効果が狙える**のは、スイーツ好きにとってはうれしい話ではな

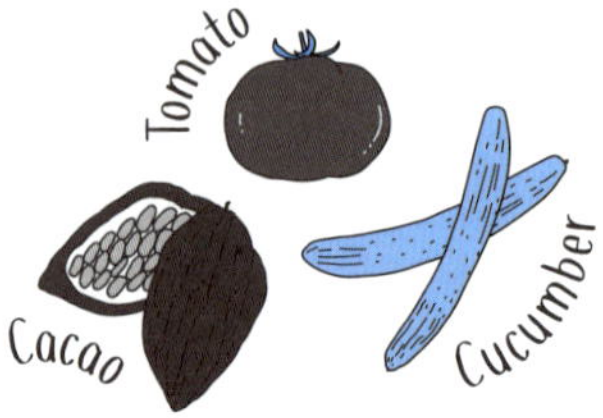

いでしょうか。
さらに別の研究結果になりますが、**「キュウリ」にもシワを改善する効果がある**とされています。[9]
キュウリには「アスコルビン酸」（ビタミンCとして働く有機化合物の一種）が多く含まれており、シワを改善する化粧品の成分になりうるであろうというものです。

ドクター小川のココがポイント

05

★**年齢は首にあらわれる。枕が高いと「首のシワ」の原因になるので要注意。「トマト」「チョコ」「キュウリ」は、シワ対策が期待できる食べ物。**

ニキビ対策を「正しく」行う

早く、きれいに治したい人に

大人もニキビで悩んでいる

「ニキビは青春のシンボル」などといいますが、10代、20代の人のみならず、30代、40代でも悩んでいる人は男女とも少なくありません。

雑誌などでは**「大人ニキビ」**などと書かれることもあるようですが、医学的には**「ざ瘡《そう》」**と呼びます。

ニキビ用化粧品も飛ぶように売れているそうで、それだけ**「自分で治したい」というニーズも高い**ということなのでしょう。

ニキビは主に、「男性ホルモン」による皮脂分泌が盛んになり、毛穴が詰まってしまうことによって起こります。

チョコレートやココアなどの油分の多い食べ物、あるいはコーヒーなどの刺激物を

とるとニキビができるといわれます。

これは必ずしも全員に当てはまるわけではありませんが、心当たりのある人は、少しの間それらを控えて様子を見ましょう。

また、**アルコールの過剰摂取も、ニキビにはよくありません**。

ニキビのケアの基本は、やはり洗顔です。

ただし、**洗いすぎは皮膚のバリアを壊し、かえって悪化させてしまう**ので、36ページで述べているとおり、**朝晩2回程度、洗顔料を使って洗うぐらいが適当**といえます。

ニキビを早く治したいなら、皮膚科へ行こう！

ニキビは、自分でケアするよりも皮膚科を受診するほうが早く治る可能性が高いです。

理由は単純で、**皮膚科医のほうが「治療法」を多くもっている**からです。

外用薬だけでも系統の違うものが何種類もあり、「Aが効かなければB、それでもダメならC」というように、手段が多くあります。

内服薬もあります。抗菌薬といって、細菌をたたく薬です。

抗菌薬には、**「静菌的な抗菌薬」**と**「殺菌的な抗菌薬」**の大きく二系統があります。**細菌の発育速度を抑える「静菌的な抗菌薬」はニキビに効果がある場合が多く、種類もいくつかあります**。またビタミンB製剤も、診療の中でよく使われます。

ニキビはつぶすと跡が一生残ることがあり、色素沈着やケロイド、クレーター状に皮膚表面が陥没するといった後遺症が残ることもあります。

その意味でも、ひどくなってきたら**早めに受診する**ことをおすすめします。

基本の肌ケア 7

くま対策をしっかりする
いっきに「老け見え」が加速！

▼▼▼ くまは「老け見え」の元凶

疲れたとき、睡眠不足のときにあらわれる目の下のくま。**くまがあると、顔がいっきに「老けて見える」**ようになります。くまは化粧でもなかなか隠しづらいものです。

逆にいえば、**「くまを改善するだけで、若返って見える」**ということでもあります。

くまには、大きく分けて次の3種類があります。

①青くま

血流の不良が原因のくまです。疲れ、睡眠不足によって、さらに目立ちます。

対策としては意識的にまばたきをする、軽いマッサージを行うことのほか、保温が

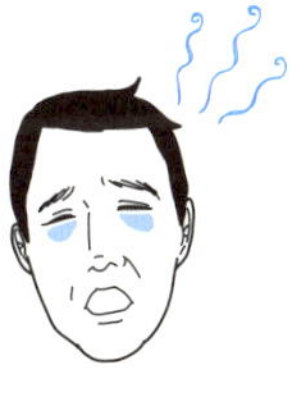

青くま

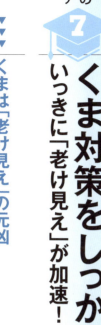

おすすめです。

②茶くま

こすることによる色素の沈着が原因で起きるくまです。

目をこすらないことが大切です。この場合、マッサージはNG。かゆみがあれば受診しましょう。

③黒くま

年齢による変化、たるみが原因です。

保湿対策が第一。全身性のむくみがあるような場合は、受診をしたほうがいいでしょう。

くまには**「目を強く閉じて大きく開く」を、数回繰り返すストレッチがおすすめ**です。

ただ、**くまの場合、単純なくまではなく、背景に貧血や甲状腺疾患、肝臓や腎臓の機能低下などの病気が隠れている**こともあります。

茶くま

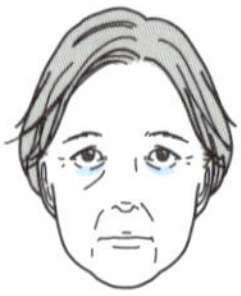
黒くま

いま挙げたセルフケアを行ってみて、それでも改善されないようであれば、医療機関を受診されることをおすすめします。

「たかが、くま」と思われるかもしれませんが、**くまが「見た目の若さ」に与える影響は、思った以上に大きい**ものがあります。**くまをなくすだけで、見た目年齢はぐんと若返る**のです。

ドクター小川のココがポイント 06

★「目のくま」をなくすだけで、驚くほど若く見える。「目を強く閉じて大きく開く」を数回繰り返すストレッチがおすすめ。

▼▼▼ 5年後、10年後の「見た目の若さ」をキープするために

基本の肌ケア7つのメソッドを紹介しました。これらを実践することで、10歳若く見えるようになることも夢ではありません。

ただ、いま紹介した要素をすべていっぺんに実行する必要はありません。

できるところから始めてもいいし、自分にとって弱点だと思うところ、できていないところを集中的に行ってもいいと思います。

肌の手入れは、やればやっただけの効果があります。5年後、10年後の「見た目の若さ」をキープするためにも、ぜひ今日から始めてください。

究極のアンチエイジング「マイクロニードルセラピー」&「PRP療法」

美容皮膚科の領域で、いま大きな話題となっているのが、**「マイクロニードルセラピー」**と**「PRP療法（自己多血小板血漿療法）」**です。

★「マイクロニードルセラピー」

まず、「マイクロニードルセラピー」から説明しましょう。

これは、髪の毛よりも細い針を皮膚に無数に刺すことで、皮膚の再生を促す療法です。

皮膚には「傷を治そう」という働きがあり、その過程で細胞から「成長因子」が分泌されます。

この成長因子がコラーゲンの生成を促すことで、肌を再生させることができるのです。

★「PRP療法（自己多血小板血漿療法）」

「PRP療法」は、自分の血液から血小板を取り出し、それを該当部位に注入することで皮膚の再生を促します。

血小板というと、出血を止める作用があることが知られていますが、そのほかにも皮膚を修復・再生させる作用もあるのです。これを自分の血液から取り出して高濃度にすることで、高い効果を発揮します。

たとえば**シワ治療の場合、採血をして血小板を分離し、それを注射器でシワのあるところに注射する**のです。

自分の血液を利用するため、感染などのリスクが少ないです。ただ

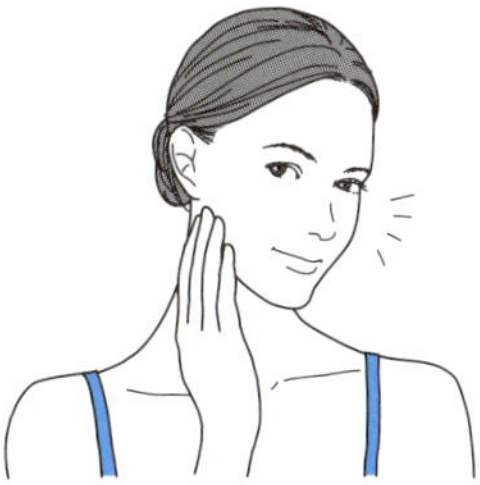

し治療後、軽い痛みや赤みが出ることもあります。

「マイクロニードルセラピー」と「PRP療法」はどちらも最先端療法ですが、この2つを組み合わせることで非常に高い効果を得ることができます。簡単にいえば**「マイクロニードル」を使って血小板を浸透させていく**わけです。

たとえば、次のような症状に効果的とされています。

- ・ニキビ跡
- ・シワ・たるみ
- ・肌の引き締め
- ・脱毛・薄毛

「シワやたるみを改善させる」とうたう美容医療は各種ありますが、**この2つの療法で特筆すべきは、従来のものに比べても「大きな効果」が期待できる**ということです。

ニキビ跡、やけど跡など、いままで治らなかった、あるいは効果の得られなかったものが、この方法で治る可能性があるのです。いままで「治療法はもうないですよ」といわれていた人たちにも、光が差してきたのです。

ニューヨークをはじめとして、アメリカでも大流行しています。日本でも徐々に導入されてきているようですが、**今後、ますます話題となっていくことは間違いないはず**です。

第2章

見た目年齢は「腸年齢」で決まる！

――スーパーフードで10歳若返る欧米流「最高の食事術」

▼▼▼

肌年齢は腸年齢！ 腸がきれいな人ほど、肌が若い
――「7つのコツ」で食習慣を変えれば、外見力が数段アップする

便秘になると吹き出物が出たり、肌荒れが起こったりする――といった経験がある人は多いと思います。

この事実ひとつとってもわかりますが、**「腸と肌はつながっている」**のです。

そう考えると、**「見た目年齢（肌年齢）は『腸』が決める」**といっても過言ではありません。

しかし「腸の健康に自信がありますか？」と聞かれたら、「ハイ！」と答えられる人はそう多くないのではないでしょうか。

日本では、食事の欧米化とともに、便秘や下痢で悩む人が増えているといいます。

また、**現在、日本人の死因の第1位は「がん」ですが、その中でも大腸がんは女性における死因のトップ**です。

腸の健康を保つことは、肌の健康にも、体全体の健康にも「基本」といえます。

老化にしたがって、腸自体の機能は衰えてきます。加えて、有用な腸内細菌である

「ビフィズス菌」が減り、有害である「クロストリジウム菌」が増えてきます。

ですから**意識して腸内環境を整えることが、「見た目の若さ」を保つ秘訣**ともいえます。

では、どうしたら腸内環境を整えることができるのでしょうか。

その答えはズバリ**「食事」**にあります。

もちろん、運動や睡眠、ストレスといったことも腸内環境に関係しますが、やはり**腸内環境を整える基本は「食事」**です。

この章では、腸年齢を若返らせ、老化を防ぐ食事法について紹介していきます。

とくに、この章の後半で紹介するアメリカの最新情報である**「スーパーフード」は、すばらしいアンチエイジング効果を発揮**してくれるはずです。

若返る食事術 1

「ミネラルウォーター・ローテーション」で水の飲み方にこだわる

年齢によって異なりますが、**人間の体の約60％は水でできていますから、どんな水**

を飲むかは大切です。

細胞を若く保つためにも水は欠かせません。

また水を飲むことは、便秘の解消などにもつながります。

おすすめは、やはりミネラルウォーターです。銘柄は自分が気に入ったものがあればそれでいいと思います。

大事なことは、いろいろな種類のミネラルウォーターを飲み分けること。

入っているミネラルがそれぞれで微妙に違うため、種類を多く飲んだほうがバランスが整うと思います。

私はこれを**「ミネラルウォーター・ローテーション」**と呼んでいます。後述するように、私自身も実践しています。

飲み方のコツとしては**できれば常温で、こまめに飲む**ことです。

耳寄りコラム

「飲む」だけでアンチエイジング！「ミネラルウォーター・ローテーション」

私の実践している「ミネラルウォーター・ローテーション」のやり方を紹介しましょう。

銘柄のこだわりはとくになく、ヨーロッパ、北米、オセアニア、硬水、軟水と、**偏りのないように、いろいろなものを選びます。産地や銘柄の異なる水を飲むことによって、さまざまなミネラル成分を補うことができます**。

海外に行くときは、世界各国のミネラルウォーターを探すのが楽しみのひとつでもあります。

いまボストンでは、主にアメリカ東海岸のメイン州のミネラルウォーターを飲んでいます。

私のロンドン大学セントトーマス病院時代のかつての同僚で、フランス人の女性医師も、とにかくよく水を飲んでいました。**硬水はマグ**

ネシウムも多いので、便秘解消にも効果的です。

この**「ミネラルウォーター・ローテーション」は費用もさほどかかりませんし、誰でも手軽に実践できるので、非常におすすめ**です。

若返る食事術 2

「ヨーグルト・ローテーション」で健康増進効果を最大化させる

ヨーグルトは腸内で善玉菌を増やすだけでなく、カルシウム、タンパク質などの栄養も豊富に含みます。美容と健康に欠かせない食品の代表格といえます。

このヨーグルトですが、みなさんはどう選んでいますか？

「スーパーで安くなっているものを適当に買う」

「いつも決めているものがあるので、それ以外は買わない」

という人が多いかもしれませんが、じつはそれは**非常にもったいない食べ方**だと私は感じています。

同じ食べるなら、**ヨーグルトの健康増進効果を最大限に発揮させる食べ方**をしましょう。

じつはそれが**「ヨーグルト・ローテーション」**です。

ミネラルウォーターと同じように、ヨーグルトもローテーションさせることがコツなのです。

ヨーグルトはメーカー、ブランドによってそれぞれ菌の種類が違います。

ですから、**「いろいろな健康効果」を期待するためには、「いろいろな種類」を摂取したほうがいい**わけです。

ヨーグルト自体も、いわゆるプレーンなものにも、「カスピ海ヨーグルト」「ギリシャヨーグルト」など種類があるので、そういったことも考慮し、いくつかをローテーションさせていきましょう。

「何日ごとに交代させる」というように細かく決める必要はなく、**ひとつを食べ終わったら次は違うものを買ってみるといった、ゆるい感じでいい**と思います。

私の場合は114ページで紹介しているアイスランドヨーグルト、ギリシャヨーグルト、一般的なプレーンタイプなど、3～4種類をローテーションで食べています。量としては、1日100グラム程度でいいと思います。日本で一般的に売られてい

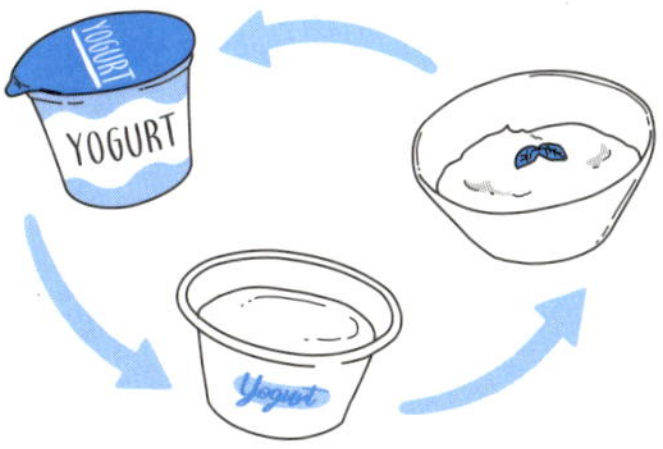

る小さいポーションひとつぐらいの量です。

食べるタイミングは、整腸作用を考えると、やはり朝がおすすめです。

ドクター小川のココがポイント 07

★「ミネラルウォーター」「ヨーグルト」は複数の銘柄をローテーションしよう。そのほうがバランスが整い、効果アップが期待できて、おすすめ。

若返る食事術 3

「食物繊維」を意識して摂取する

腸の健康を保つために、なくてはならないのが食物繊維です。

食物繊維は善玉菌の発酵を促し、腸管を強化してくれます。また、善玉菌が増えることで免疫力がアップします。

▶ 食物繊維を多く含む食品例

米

キノコ類

おから

ブロッコリー

そば

ほうれん草

海藻類

ゴボウ

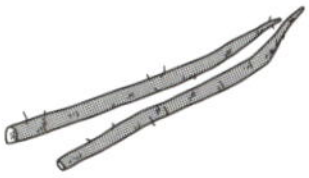

イモ類

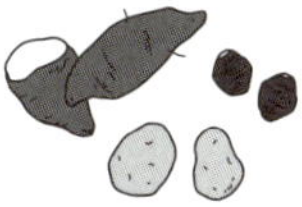

バナナ

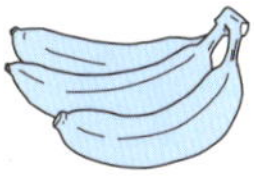

納豆

りんご

さらに便通をよくする役割もあるので、便秘の解消にもなります。

ところが食物繊維の摂取量は、日本では戦後ずっと減りつづけています。国の定める目標量（18～69歳の場合、男性20グラム以上、女性18グラム以上）には、ほぼすべての世代で達していません。

食物繊維は野菜や果物のほか、発芽玄米、大麦などにも多く含まれます。113ページから紹介する「スーパーフード」にも食物繊維を多く含む食品があります。

現代の食生活では「普通に」食べていたのでは不足してしまいがちな栄養素なので、「意識して」食物繊維を取り入れるようにしてください。

若返る食事術 4

アンチエイジング効果を高める「コーヒー」「紅茶」の上手な飲み方

コーヒー、紅茶はあまりに日常的な飲み物ですが、**じつはすばらしい健康増進効果**

があるのをご存じですか？
上手に活用すれば、強力な「若返り効果」をもたらしてくれます。

★紅茶――飲むだけで美白効果がある！

紅茶には「紅茶ポリフェノール」が含まれています。

血糖値の上昇を抑制したり、脂肪の吸収を抑制する、あるいは血圧を下げる、**肌を老化させる「糖化」の抑制作用**などが知られています。

さらに、紅茶には**「ハイドロキノン」**という成分が含まれ、これは「美白成分」として働きます。

つまり、**紅茶を飲むだけでダイエット、若返り、さらには美白効果が期待できる**のです。

★コーヒー――赤ワインにも負けないポリフェノールの宝庫

一方、コーヒーには**「クロロゲン酸」「カテキン」といった「ポリフェノール」が含まれ、血液サラサラ効果、脂肪燃焼効果、各種生活習慣病の予防効果がある**とされています。

意外に知られていませんが、**コーヒーには赤ワインと同じくらい「ポリフェノール」が含まれている**といわれているのです。

2015年5月に、国立がん研究センターや東京大学などの研究チームが「コーヒーを1日3～4杯飲む人は、まったく飲まない人に比べて心臓や脳血管、呼吸器の病気で死亡リスクが4割程度低い」という研究結果を発表し、話題を集めました[10]。

また紅茶、コーヒーともにカフェインが含まれますが、じつはこの**カフェインも「ポリフェノール」の一種**。

眠気を覚まして集中力をアップさせたり、利尿作用によって老廃物を排出させたり、あるいは内臓脂肪を減少させるといった効果も知られています。

さらには、**コーヒーにも美白効果があります**。

お茶の水女子大学の研究では、**「コーヒーを1日2杯以上飲む人は、シミが少ない」**ことが確認されたそうです[11]。

ただし、コーヒーの飲みすぎによるカフェインのとりすぎは、胃や循環器に悪影響を及ぼし、頭痛やカフェイン中毒といった症状も呼び込んでしまいます。

コーヒーの飲みすぎはかえって健康を損ねますので、「1日3杯程度」をめどに、適量を楽しんでください。

ちなみに私は、朝2杯、昼1杯のコーヒーを毎日の習慣としています。

また体への負荷を避けるために、春や秋には、ホットとアイスを交互に飲んだりもしています。

ハーバードからの最新報告

コーヒーと「がん」「うつ」の関係

ハーバード大学では最近、**コーヒーを多く飲んでいる人において「悪性黒色腫（メラノーマ）」の発症率が下がる**可能性があることが発表されました。[12]

「悪性黒色腫」という皮膚がんは、「ほくろのがん」と呼ばれる悪性度の高い皮膚がんです。**アメリカではこの40年に発症率が15倍へと激増**しています。

この研究では、コーヒーを多く飲んでいるほうがとくに日光露光部位の悪性黒色腫が少ないことが指摘されていて、これはカフェインの効果によるとされているのです。

カフェインには、紫外線が原因で生じる皮膚がんの発症を抑制する効果があるであろうことは、以前にも指摘されていました。

また「基底細胞がん」という別の皮膚がんについては、**1日に3杯以上コーヒーを飲む女性では、そのリスクが20%減少し、男性では、月に1杯も飲まない人と比べて、9%リスクが下がる**ことが報告されています[13]。

アメリカのイェール大学の研究でも、この「基底細胞がん」について、コーヒーの摂取には若年発症に対する予防効果があることが、近年発表されています[14]。

また、**コーヒーはがん以外に「心の病」にも影響を与えている**ということが、わかってきています。

それに関してはハーバード大学で興味深い論文が出ており、**1日に4杯以上のコーヒーを飲む女性では、飲まない人に比べて、うつ病にかかるリスクが20%も減少する**そうです[15]。

また、**毎日2~3杯のコーヒーを飲む人は、自殺率が約半分になる**

とのことです。

つまり、**コーヒーは肌質もよくなり、気持ちも前向きになり、そして健康にも寄与している**のです。

「ポジティブ皮膚科学」を提唱している私にとって、今後もコーヒーの研究に目が離せません。

ドクター小川のココがポイント

08

★**コーヒーは上手に飲めば、「肌」「体」「心」すべてにいい効果がある。ただし、飲みすぎは逆効果。「1日3杯程度」をめどに楽しもう。**

若返る食事術 5

若返り効果をもたらす「ワイン」「ウイスキー」の上手な飲み方

「お酒でアンチエイジング」というとビックリされる人も多いかもしれませんが、**お酒も上手に飲めば「若返り効果」**をもたらしてくれます。

★ワイン——赤だけでなく白にも健康効果あり

ワインといえば、**赤ワインの健康増進効果**はすっかり有名となりました。

赤ワインには何種類もの抗酸化物質「ポリフェノール」が含まれることで知られますが、この**ポリフェノールが、「肌の老化」の原因となる活性酸素を取り除いてくれる**のです。また赤ワインには、ビタミンとミネラルもたくさん含まれています。

一方、**白ワインには腸内環境を整える作用があり、こちらも美肌にいい作用をもたらす**ものといえます。

適量のワインは、肌にとてもいいといえそうです。

ハーバードからの最新報告

「毎日ワイン2杯」でやせる？

ハーバード大学より近年、**「毎日の赤ワイン2杯以上の摂取が、女性の肥満率低下につながる」**という興味深い調査結果が発表されています[16]。

この研究では、女性約2万人が調査され、肥満率がなんと70%も低下していると指摘されています。

赤ワインには、多くのポリフェノールが含まれているといいましたが、そのひとつに「レスベラトロール」があります。このレスベラトロールには脂肪細胞の増加を抑える効果があると考えられています。

★ウイスキー――ウイスキーでシミ退治!?

なんと**ウイスキーにも若返り効果があります**。**ウイスキーはカロリーが低く、糖分もほとんど含まれていません**。そのため、**太りにくいことが特徴**のひとつです。

また、**ウイスキーには、シミの原因物質「メラニン」を生成する酵素の働きを抑制する効果もある**ことがわかっています。

これは、ウイスキーは製造過程でオーク樽で熟成させるため、オークに含まれるポリフェノールが、ウイスキーに溶け出すからです。

★飲みすぎは逆効果——アルコールはさまざまながんの原因になる

お酒のうれしい若返り効果について述べてきましたが、これはあくまでも適量を守って飲んだ場合の話。飲酒量が過度になると、話は変わってきます。

お酒には「エタノール」が含まれていて、この**エタノールが分解されると、「アセトアルデヒド」が出てきて、肌のDNAを傷つけます**。

お酒に強い人は、弱い人に比べて、飲酒量も増えてしまう可能性があるので気をつけましょう。

世界保健機関（WHO）は、**口腔、咽頭、喉頭、食道、肝臓、大腸、女性乳房の各部位で、アルコールががんの原因になる**とも指摘しています。

とくに**乳がんについては、少量でも習慣的な飲酒の場合、発症リスクを増やす**というアメリカからの報告もあります。[17]

またその報告では、**40歳までの飲酒が、それ以降の飲酒に関係なく、中高年期の乳がん発症リスクを増やす**ことも指摘しています。

適量を守って楽しく飲んで、健康増進効果を期待しましょう。

ドクター小川のココがポイント 09

★**適量の赤ワインは「肌」によく、「女性の肥満率」を下げる研究もある。ウイスキーは太りにくく、シミの原因物質を抑制する働きもある。**

若返る食事術 6

強力なアンチエイジング効果がある「ナッツ」で上手に間食を

食間に小腹がすいたとき、仕事に疲れてちょっとブレイクしたいときのおやつに何を選ぶかも、大切な視点と考えます。

ついついクッキーやチョコレートなど、甘いお菓子に手が伸びていませんか？

でも、どうせ食べるなら、**若返り効果のあるおやつ**を食べたいものです。

おすすめはズバリ、「ナッツ」です。

ナッツは小粒ですが、じつは**強力なアンチエイジング効果**をもっています。

まず**「タンパク質」「ビタミン」「ミネラル」そして「食物繊維」を多く含んでいます**。

「ナッツ＝脂質が多い」というイメージがありますが、じつはナッツの主な脂肪分は、体にいいといわれる「オメガ３脂肪酸」や「オメガ６脂肪酸」といった不飽和脂肪酸なのです。

これらの脂には**中性脂肪を減らしたり、善玉コレステロールを増やし、悪玉コレステロールを減らす**働きがあります。

ナッツにはさまざまな種類がありますが、日本で手に入りやすいのは**「アーモンド」「クルミ」「カシューナッツ」「ヘーゼルナッツ」「ピスタチオ」**といったところでしょうか。どのナッツも、それぞれにすばらしい栄養素をもっています。

私の住んでいたカリフォルニア州は、アーモンドの世界一の産出地として有名です。

アーモンドには「ビタミンE」が豊富に含まれ、皮膚の血流をよくするので、シワの改善の効果も期待できます。

アメリカでは、みな本当によくナッツを食べます。

私もアメリカに来てから、よくナッツを食べるようになりました。毎日の朝食にも取り入れています。

ナッツには「寿命を延ばす効果」がある

ナッツには「寿命を延ばす効果」があるといわれています。

ハーバード大学の研究によれば、**「一握りのナッツを習慣的に摂取している人たちは、何も摂取していない人たちと比較して、30年間の全死因死亡率が20%低い」**と報告されています[18]。

ただし、健康にいいとはいえ、**ナッツは高カロリー食品でもありますから、食べすぎは禁物**です。

1日20粒（20グラム）から25粒（25グラム）程度が適正とされているので、それをめどに摂取しましょう。

ドクター小川のココがポイント 10

★「若返り」を期待したいなら、ナッツがおすすめ。強力なアンチエイジング効果があり、体にいい不飽和脂肪酸をたっぷり含んでいる。

若返る食事術 7

ジャンクフードなど「老化を早める食べ物」を避ける

これまで「若返りのための食事術」をいろいろ紹介してきましたが、それと同じくらい大事なことは**「老化を早めてしまう食べ物」をとらない**ことです。

老化を早める食べ物の筆頭は「ジャンクフード」です。スナック菓子、カップ麺、ハンバーガーなどのファストフードがそれに当たります。

ジャンクフードの特徴は、ビタミン・ミネラルが不足していて、栄養バランスが悪いこと、それから酸化した油が使われている可能性が高いことです。

酸化した油は「過酸化脂質」といいますが、これが体に入った場合、体を酸化させ、動脈硬化や心筋梗塞、認知症などにつながる恐れがあります。

私たちの細胞は細胞膜で覆われていますが、この細胞膜は「脂質」を原料としてつくられます。ですから、**どんな油を摂取するかは、健康を握る大きな決め手**となります。

また**油の過剰摂取は、さまざまなアレルギーや頭皮のかゆみの原因になる**といわれています。頭のかゆみで受診する人に油の摂取を控えてもらうと、それだけで症状が改善することもあるのです。

ハーバードからの最新報告

ジャンクフードのとりすぎは精子を傷つける

ちょっと男性には怖い話になりますが、近年のハーバード大学などの研究によれば、**ジャンクフードのとりすぎは「精子」を傷つける**ともいわれます。[19]

この研究では、18歳から22歳の男性数百人の食事記録と精子を調査した結果、精子の質の低下について、とくに揚げ物と加工食品などに含まれるトランス脂肪酸の危険性を指摘しています。

逆に、**精子の質が高いのは、野菜や魚などを食べている人**だったともいわれています。

将来、子どもを希望する人は、とくに気をつけたいものです。

アメリカでは、みんなじつによくホットドッグやハンバーガーを食べていますが、一方で非常にヘルシーな食生活を送っている人もいて、**二極化が進んでいます**。

アメリカでは野菜や果物をはじめとして、オーガニック（無農薬有機栽培）フードがたくさんあります。

オーガニック野菜も日本に比べてはるかに豊富で、どこでも手軽に手に入ります。

ハーバード大学近くのメインストリートでは、ヘルシーな食材を使ったサラダ専門店や地中海料理のファストフード店などが、たくさん軒を連ねています。食への意識が高いせいか、スリムな人を多く見かけます。

じつは、アメリカは**オーガニック大国**でもあるのです。

▼▼▼ 「10種のスーパーフード」で、見た目年齢マイナス10歳が可能になる！

次は、私が**とくにおすすめする、強力なアンチエイジング食材**を紹介します。

これを食べれば強力な若返り効果が期待できるという**「スーパーフード」**です。

この「スーパーフード」という言葉は、そもそも1980年代のアメリカとカナダで使われるようになったのがはじまりといわれます。

スーパーフード自体に厳密な定義はないとされていますが、**強力な抗酸化作用をもち、バツグンの美肌効果、整腸作用をもつ食べ物**を指します。

まさに**「見た目年齢」を若返らせるための、強力な武器**となってくれるものです。

ここでは私が実際にアメリカで生活をしている中で情報を集めた、スーパーフードを紹介します。いずれも現地では大人気・大流行しているものばかりです。

なかには日本では一般的でないものもありますが、**今後人気が出ることは間違いない**と思われますので、ぜひチェックしてみてください。

ドクター小川のココがポイント

11

★「10種類のスーパーフード」は「見た目年齢」を若返らせ、健康になれる「最強の武器」である。

スーパーフード 1

スキール（アイスランドヨーグルト）

世界中で人気！「ヨーグルト・ローテーション」に取り入れたい

「スキール」は、アイスランドでは1000年以上も前から食べられている伝統的な乳製品です。

おいしくて健康効果があることから、いまや世界中に広まっています。アメリカでも大人気です。

正確にはヨーグルトではないそうですが、日本では「アイスランドヨーグルト」と呼ばれているようです。

しかも、まだ日本には入ってきていない様子ですが、今後、必ず流行る食材のひとつだと思います。

スキールの魅力はタンパク質が多く、ビタミン、ミネラルも豊富なこと。しかも脂肪分はほぼゼロでカロリーが低いのも特徴です。

私も大好きで**「ヨーグルト・ローテーション」には必ず入れています**。濃厚な味わいで、もっちりした食感が特徴です。

朝食やおやつにピッタリの「スキール」。

日本に上陸したら、いち早く取り入れてみてください。

スーパーフード 2

カカオニブ 「神の食べ物」と呼ばれるほどの栄養価

「カカオニブ」は、カカオ豆を発酵、乾燥、焙煎させ、それを砕いたものです。

中南米原産で、現地では**「神の食べ物」と呼ばれるほど栄養価が高い**ものです。

カカオポリフェノールを豊富に含むだけでなく、ビタミン、ミネラル、食物繊維も含まれます。

味は、砂糖を含まないビターチョコレートのような感じです。

チョコレートもカカオ豆からつくられますが、「カカオニブ」のほうが栄養価が高く、また砂糖や油脂が添加されていないので、健康的です。

食べ方は**シリアルやヨーグルトに入れる**人が多いようです。熱に弱い成分を含むため、加熱調理には向きません。

ただし、「カカオニブ」にはカフェインが含まれているため、妊婦やお子さんの摂取には注意してください。

ドクター小川のココがポイント 12

★「スキール（アイスランドヨーグルト）」と「カカオニブ（神の食べ物）」は手に入るなら、「ヨーグルト・ローテーション」に組み込もう。

スーパーフード 3

コンブチャ（KOMBUCHA）全米で大流行！じつは日本発の「紅茶キノコ」

全米で大流行している発酵飲料が「コンブチャ」です。

いろいろなメーカーからさまざまなフレーバーのものが発売されていて、どこでも買うことができます。シュワシュワして、さわやかな飲み心地です。

モンゴル原産で**「ポリフェノール」「アミノ酸」「ミネラル」「ビタミン」など多くの栄養を含みます**。

発酵飲料であること、栄養が豊富であることから、コレステロールの改善効果、消化改善効果、ダイエット効果、心臓病予防効果など、さまざまな健康増進効果が期待できます。またデトックス効果もあるので、美肌を保ち、アンチエイジングになります。

じつは**「コンブチャ」は、日本で一昔前に流行った「紅茶キノコ」のこと**。

日本では自分でつくらなければならないことがネックとなってすたれてしまいましたが、アメリカに伝わって、大流行したのですから面白いものです。

「コンブチャ」といっても、あの「こんぶ茶」とは別物で、昆布は一切入っていません。

最近はアメリカからの「逆輸入」で、日本でもさまざまな製品が発売されているようです。

ぜひ試してみてはいかがでしょうか。

スーパーフード 4

アボカド
「世界一栄養価が高い果物」でギネス認定

日本でもすっかり一般的になった中南米原産の「アボカド」ですが、**これもスーパーフードのひとつ**です。

アメリカはメキシコに近いだけあって、本当によくアボカドが出てきます。私もカリフォルニア州で生活していたときには、頻繁にアボカドを食べていました。

ハーバード大学近くのカフェでは、アボカドをのせたオープンサンドやベビーケールを使ったサラダなどをよく見かけます。タコスやワカモレ（アボカドでつくるサルサの一種）といったメキシコ料理も人気ですし、ディップやサラダにも頻繁にアボカドが出てきます。

アボカドは「世界一栄養価が高い果物」とギネス認定されているそうで、「カリウム」「ビタミンE」「食物繊維」など、じつにすばらしい栄養を含んでいます。「森のバター」といわれるだけあって脂肪分が多いのですが、**アボカドの脂肪は「オレイン酸」といって、体にいい働きをする「不飽和脂肪酸」**です。

オレイン酸には悪玉コレステロールを抑え、高血圧や動脈硬化を防ぐ働きがあります。また、**美肌効果、整腸作用もあるため、「若返り」には強力な効果を発揮**してくれます。

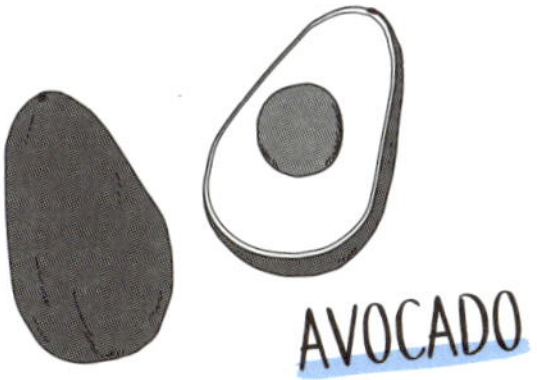

ドクター小川のココがポイント

13

★ **発酵食品の「コンブチャ」は、健康増進効果が期待できるスーパーフード。アボカドは「世界一栄養価が高い果物」とギネス認定される栄養素の宝庫。**

スーパーフード 5

キヌア

NASAも注目する「21世紀の主食」！クセのない味わい

NASAがその栄養価の高さに着目し、「21世紀の主食」として高く評価したという「キヌア」。ここ数年、日本でも注目されています。

「キヌア」は南米原産の植物で、インカ帝国時代から食べられていたそうです。

穀物の一種とされていますが、じつはほうれん草の仲間です。

「タンパク質」「食物繊維」「ミネラル」「ビタミン」を豊富に含み、美肌効果、ダイエット効果が期待されます。

食べ方としてはお米に混ぜて炊いたり、ゆでてサラダに入れたりもできます。プチプチした食感が楽しいです。

クセのない淡白な味わいなので、さまざまな料理に活用できます。

スーパーフード 6

アサイー
「ブラジルの奇跡」と呼ばれ、強力な抗酸化力をもつ

ハワイの朝食としてポピュラーな「アサイーボウル」。

日本国内ではモデルや芸能人から話題になり、もはや定番になりつつありますが、じつは「アサイー」はブラジル原産のフルーツです。

「ブラジルの奇跡」とも呼ばれているアサイーは、強力な抗酸化力をもっています。

「ビタミン」「ミネラル」のほか、「オレイン酸」「アミノ酸」「食物繊維」も豊富に含んでいます。

アメリカのおしゃれなカフェでは、アサイーを使ったメニューをよく見かけます。

粉末やピューレ、スムージーや各種ドリンク類も、数多く市販されています。

ドクター小川のココがポイント 14

★「キヌア」は美肌、ダイエット効果が期待できる南米原産の植物。「ブラジルの奇跡」と呼ばれる「アサイー」には、強力な抗酸化力あり。

スーパーフード 7

ビーツ

「食べる血液」といわれるほどビタミンやミネラル、NO（一酸化窒素）が豊富

「ビーツ」は、日本ではまだあまりなじみがありませんが、最近はスーパーなどでも見かけるようになりました。**海外では非常にポピュラーな野菜**です。**「ビーツ」はロシア料理のボルシチに入っている真っ赤な野菜**、といえばわかる人もいるでしょう。

カブの一種と思われていますが、じつはこれもキヌアと同じくほうれん草の仲間。「ビタミン」や「ミネラル」が豊富で、**「食べる血液」**とまでいわれるそうです。もちろん抗酸化作用も強力です。

しかし、なんといっても**「ビーツ」が注目されるのは、血行をよくする作用があること。**

最近、「NO（一酸化窒素）」が注目されているのをご存じでしょうか。

「NO（一酸化窒素）」は私たちの体内にあって、血行を改善したり、血管を強くしなやかにするという作用をもちます。

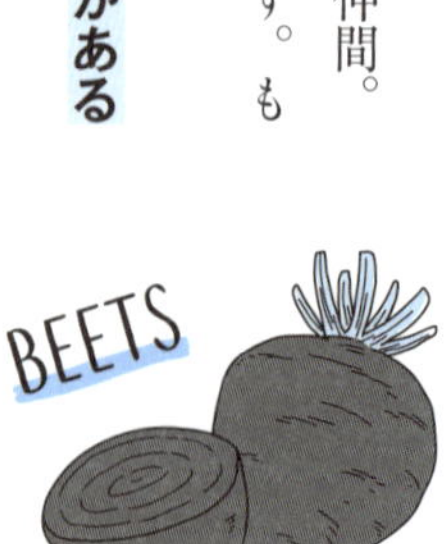

「ビーツ」には、この「NO（一酸化窒素）」が含まれているのです。

食べ方としてはサラダやスープに入れたり、あるいはピクルスにしてもおいしいです。

スーパーフード 8 ケール
「メラトニン効果」で寝つきをよくし、睡眠の質を上げる

日本では「ケール」といえば「青汁」（の原料）ですが、海外では普通に野菜として食べられています。

サラダにしたり、炒め物にしたり、あるいは肉料理の付け合わせとしてもよく出てきます。

「ケール」には**「ベータカロテン」や「ルテイン」をはじめ、「ビタミン」「ミネラル」「食物繊維」が豊富**。また**「メラトニン」が含まれているのも特徴**です。

「メラトニン」は睡眠を促す物質ですから、寝つきをよくする作用があります。

最近は、日本でも「生のケール」が販売されているようなので、ぜひ食生活に取り

入れてみてください。

ボストンのわが家では、週末になると「ケール」入りのシーザーサラダを買ってきて食べるのが習慣になっています。私のお気に入りのメニューのひとつです。

ドクター小川のココがポイント 15

★「ビーツ」は「食べる血液」と呼ばれ、血行をよくする作用がある。「ケール」に含まれる「メラトニン」は、寝つきをよくする作用あり。

スーパーフード 9 抹茶
「カテキン」「テアニン」が豊富で、アメリカで空前の大ブーム

アメリカでは空前の「抹茶」ブームです。

私はロサンゼルス滞在中、よくリトル・トーキョーや日系スーパーマーケットで買い物をしましたが、抹茶のお菓子などをお土産に買っていくと、同僚にとても喜ばれました。

ご存じのように、**抹茶には「カテキン」というポリフェノールが含まれ、非常に強い抗酸化作用をもちます。**

また**「テアニン」といううま味成分があるのですが、これはリラクゼーション効果をもたらし、睡眠を改善させる作用**があります。

日本では手軽に抹茶が手に入ります。

ぜひ積極的に活用して、健康増進に役立ててみてください。

スーパーフード 10 カリフラワーライス

ご飯より断然、ローカロリー！「白米の代用食」に

ニューヨーク発でホットな話題を集めているヘルシーフードが、「カリフラワーライス」です。

カリフラワーをフードプロセッサーか包丁でみじん切りにして、オリーブオイルなどで炒めてつくります。電子レンジやオーブンでつくる方法もあるようです。

見た目がちょうどご飯のようですが、**ご飯より断然、ローカロリー**。「しっかり食べた」という満足感があり、ダイエットにはうってつけです。淡白な味でクセが少ないので、まさにご飯の代用食となります。

普通のご飯のようにカレーをかけたり、炒飯やリゾットなどにもできます。冷凍保存も可能です。これをピザの生地に使った「カリフラワーピザ」もあります。

カリフラワーの栄養価も見逃せません。**「ビタミンC」「カリウム」「カルシウム」「ビタミンB」「食物繊維」などがしっかり含まれています**。カリフラワーの旬の時期には、ぜひ一度、試してみてください。

アメリカでは大人気で、市販品もあります。日本では通販などでも少しずつ販売がはじまっているようです。

ドクター小川のココがポイント 16

★アメリカは空前の「抹茶」ブーム。「カテキン」や「テアニン」が豊富。「カリフラワーライス」はご飯より断然ローカロリー。「白米の代用食」に使える。

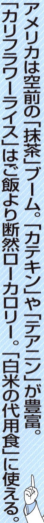

ハーバードからの最新報告

ハーバードで研究開発中の「寿命を100歳まで延ばす薬」

いまハーバード大学では、**寿命を100歳まで延ばす薬の開発が進んでいます。**

ビタミンB_3よりつくられる「NMN（ニコチンアミドモノヌクレオチド）」という物質があって、その「NMN」がつくり出す「NAD（ニコチンアミドアデニンジヌクレオチド）」という物質が、細胞の回復力に大きな役割を果たしていることを見つけました。

私たちの**体の細胞は日々傷ついているのですが、その回復力は老化で衰えてきます。**

この研究チームは、その**「NMN」を用いることによって、細胞が若返り、寿命が延びる**ことを確認したのです。[20]

「実用化に向けて2020年から治験がはじまる」といわれており、**「夢のような薬」の誕生**が近い可能性があります。

第3章

毎日の習慣で「外見力」を磨く!

——西洋文化と東洋文化の融合「ライフスタイル術」

▼▼▼

皮膚は心の状態が反映されやすい「表現の器官」——肌にとってストレスは大敵

これまで「肌のケア」について、「外側からのケア」と「内側からのケア（食事）」についいて述べてきましたが、もうひとつ大事なことがあります。

それは**「心のケア」、つまりストレス解消**です。

肌にとってストレスは大敵です。

仕事が忙しいなどでストレスがたまると、吹き出物が出たり、肌荒れしたり……そういう経験は誰にでもあると思います。

逆にいえば、どんなにきちんと肌ケアをしても、栄養バランスのいい食事をとっても、**ストレスがあれば肌を整えることは困難**になります。

皮膚は「心の状態が反映されやすい」臓器

「皮膚の精神衛生」や**「精神美容」**といった言葉があるのをご存じでしょうか。

これらは、精神面から皮膚の健康を守ること、美容における精神面の重要性を意味しています。

ストレスが続くと、交感神経の刺激によって緊張状態となることから、皮膚にも炎症が起きやすくなります。また、「皮膚の再生」も悪くなってきたりもします。

皮膚は**「表現の器官」**ともいわれており、**心の状態が反映されやすい臓器**なのです。

円形脱毛症やアトピー性皮膚炎、あるいはじんましんなどの皮膚疾患をイメージしていただくと、わかりやすいかもしれません。

アトピー性皮膚炎においては、心理的ストレスは増悪因子のひとつですし、夜間のかゆみによる不眠がうつ症状を引き起こすこともいわ

れています。

また、じんましんの一部は、ストレスが原因になることも指摘されています。

脱毛症の一部でも心理的要因がいわれていて、**外見的な問題でストレスの悪循環に陥る**ことも指摘されています。

▼▼▼ 心と体のバランスが大切な「生活術」——肌ケアをしても肌がきれいにならない理由は？

現代人は誰もが多かれ少なかれ、ストレスを抱えています。

ハーバード大学などの研究によれば、**ストレスの多い職場は寿命を縮ませる**といわれます。研究結果によれば、**とくに「職を失う可能性のある立場で働いていること」「裁量権がない立場での勤務」などが、寿命短縮への影響が大きかった**とのことです。[21]

ストレス解消といってもなかなか難しいと思いますが、誰にでも対応できることが2つあります。

それは**「睡眠」と「運動」**です。
この2つは**「ストレス解消のための2大要素」**といっても過言ではありません。
この章ではこの2大要素を中心に、プラスアルファとして「入浴」と「禁煙」そして「スマホ」についても述べていきたいと思います。

最高の生活術 1

正しい「睡眠」のとり方

眠りに対する「新しい科学」を取り入れ、枕を工夫する

▼▼▼ 細胞の修復作業を怠ることなかれ

肌のために睡眠は重要です。
寝不足で肌が荒れたり、吹き出物ができたりという経験は誰にでもあることでしょう。

また肌自体にも休息が必要です。寝ている間に「成長ホルモン」が分泌され、皮膚の修復が行われるからです。

従来、「成長ホルモン」が最も多く分泌される時間は、夜の10時から午前2時までの間とされてきました。

しかし最近では、**「成長ホルモン」が最も多く分泌されるのは時間帯に関係なく、入眠後3時間**であるという研究も出てきています。12時に就寝したとすると、3時までです。[22]

要は**「成長ホルモン」が分泌される時間に、しっかり熟睡していること**が大事なわけです。

また睡眠時間についてですが、**7時間程度が望ましい**といわれます。

現代人はみな睡眠不足です。私も人のことはいえませんが、睡眠時間の確保は誰にとっても至上命題といえます。

▼▼▼ 快眠のための環境を整備しよう

入眠してから3時間しっかり熟睡するためには、**いかにスムーズに入眠するか**ということがとても大事です。質のいい睡眠は、ストレス緩和のためにも必要です。

「寝つきが悪い」「睡眠が浅くて、すぐ起きてしまう」などの悩みをもつ人も多いと思いますが、まずは**「寝る環境」を整備する**ことから始めてください。

私がおすすめしているのは**枕の工夫**です。

みなさんは、どのような枕を使っているでしょうか？

枕を変えただけで熟睡できたという人はたくさんいます。適当に選ぶのではなく、ぜひとも実際に試したりしながら、真剣に自分にピッタリの枕を見つけてください。

最近ではスピーカーが内蔵されていて、音楽を聞きながら眠れる枕も人気だそうです。そういうものを試してみるのも一案かもしれません。枕の高さについては75ページで述べています。

「いい食事」は「いい睡眠」を呼ぶ？

「食物繊維が少なく、脂肪や糖分の多い食事をしている人は睡眠が浅い」

このような研究結果が、アメリカのコロンビア大学とニューヨーク肥満栄養研究センターの研究者によって発表されました[23]。

この研究では、30〜45歳の健康な男女26人に対して調査が行われました。

最初の4日間は栄養士が監修した、タンパク質が豊富で低脂肪のメニューが毎食提供され、最終日は自分の食べたいものを自由にとるという方法で行われました。

すると、最初の4日間は全員が普段より早く、スムーズに入眠できたそうです。眠りにつくまでの時間は平均17分でした。

ところが自由に食事を選んだ5日目については、平均29分かかったというのです。

さらに食事内容を詳しく分析したところ、**食物繊維を多く摂取した参加者は「徐波睡眠《じょはすいみん》」と呼ばれる、とくに深い睡眠の時間が増加して**いて、脂肪の摂取量が多い参加者は減少していたそうです。

また、**糖分を多くとっている参加者は睡眠から覚醒する回数が多く、途切れがちな睡眠になっていた**といいます。

この研究は調査対象数が少なく、関係性までは不明とされていますが、興味深い着眼点であると思います。

ドクター小川のココがポイント

17

★ **ストレス解消の2大要素は「睡眠」「運動」。「自分にピッタリの枕」を選び、「食物繊維が多く、脂肪や糖分が少ない食事」にすると、睡眠の質はよくなる。**

最高の生活術 2

正しい「入浴」の仕方

「入浴剤ローテーション」を取り入れてみよう

ストレス解消も「若見え」のカギ

ストレス解消効果ということでは、おすすめなのが入浴です。

入浴は、**湯船につかることで、心身ともにリラックス効果が得られます**。

欧米はシャワー文化で、ゆっくり湯船につかるという習慣はありません。シャワーの目的は体の洗浄のみです。

それに比べると日本の入浴は体の洗浄、リラクゼーション効果、さらに体を温める効果もあり、**世界に誇るべきすばらしい文化**だと、私は思います。

入浴法は、37〜39度の**ぬるめのお湯に、ゆっくりつかること**をおすすめします。半身浴もいいでしょう。

アトピーの人で熱めのお湯に入るとかゆみが消えて気持ちがいいという人がいます

が、これはやめてください。**熱すぎるのは皮膚にとってはＮＧ**です。

「入浴剤ローテーション」のすすめ

本書では、第2章で「ミネラルウォーター・ローテーション」「ヨーグルト・ローテーション」をおすすめしてきましたが、ここでもうひとつ**「入浴剤ローテーション」**を提案したいと思います。

日本にいるとあまり意識しないかもしれませんが、**海外に住むと、日本の温泉のすばらしさを痛感**します。

日本はいわずと知れた火山大国であり、３０００以上の温泉地があるそうです。これを**生活に活かさない手はない**と、私は思います。

そこで私は、海外でも温泉気分を味わいたくて、入浴剤を探しました。

しかしこれが、日系のスーパー以外では売られていないのです。

「バスソルト」「バブルバス」はあるけれど、日本的な入浴剤はない。考えてみればバスタブにつかる習慣がないわけですから、それも当然です。

そこではじめて日本の入浴剤の種類の多さ、質の高さに感嘆しました。せっかくお風呂に入るのであれば、これを大いに活用しましょう。

いわゆる「さら湯」「一番風呂」は、入浴後の肌の乾燥を招きやすいので、その意味でも**入浴剤は効果的**です。

保湿だけでなく、リラクゼーション効果も得られます。リラックスすることで、免疫力もアップします。

入浴剤の選び方は「香り」と「色」がポイントだと思います。**何種類か用意しておいて、ローテーションで使う**といいでしょう。

「温泉の素」的なものを使えば自宅にいながらにして「日本全国の温泉巡り」もできるわけで、バスタイムが楽しくなりそうです。

注意事項として、アトピーがある人、透析患者の人は入浴剤を使用しないほうがいいかもしれません。使いたい場合は、主治医と相談してください。

耳寄りコラム

台湾でブーム！注目の「へそ美容」

ちなみに、台湾では**「おへそ」のまわりを温めるという美容法**が流行っているそうです。

お灸などでおへそのまわりを温めることで、周囲のツボを刺激し、周囲の臓器も温められ、リラックス効果、美肌効果があるそうです。

また、ダイエット効果、便秘の改善、冷え性の改善などにもつながるといわれ、老若男女問わず人気を集めています。

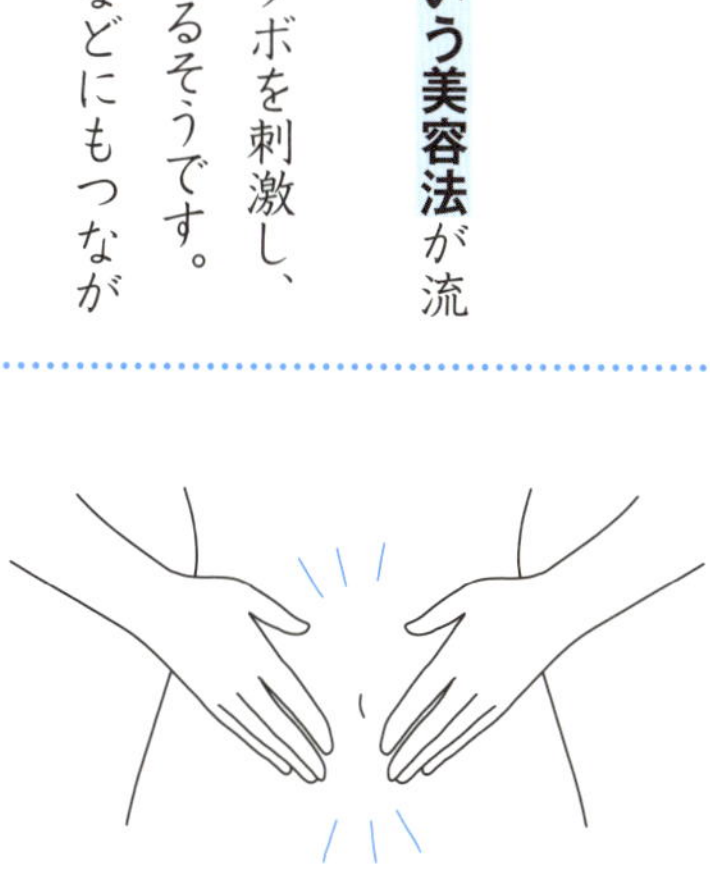

ドクター小川のココがポイント

18

★

入浴後の肌の乾燥を防ぐには、入浴剤の使用がおすすめ。「入浴剤ローテーション」で、保湿やリラックス効果が期待できる。

最高の生活術3

正しい「運動」の仕方

運動しないと10歳老ける！「スロージョギング」のすすめ

ジョギングとストレスの相関関係は？

ボストンやカリフォルニアの人たちは、健康維持やストレス解消のために、老若男女問わず、本当によくジョギングをしています。

とくに**朝、ジョギングを行うことは、体の代謝を活性化し、体温を上げることで、ダイエットには最適である**とも聞きます。

エクササイズは一見、肌や外見とはあまり関係がなさそうに思えますが、じつは大いに関係しています。

肌の大敵のひとつはストレスであり、**運動することでストレスが大いに解消される**からです。

運動といってもいろいろありますが、**ストレス緩和効果がいちばん高いのはジョギ**

ングです。

ウォーキングでもいいのですが、**ストレス解消にはやはり、ある程度の適度な有酸素運動が大切**です。そのために、よりいいのがジョギングなのです。

ジョギングといっても、マラソン選手のように極限まで走るようなものではなく、30～60分くらい軽く流す程度で十分です。

最近では**「スロージョギング」**というそうですが、自分で心地いいと感じるレベルで走ってください。**軽いジョギングは体の疲れもとってくれます。**

逆に、**あまり激しすぎる運動をすると、かえってストレスになり、逆効果**です。

走ることで**「セロトニン」という物質が分泌され、脳内を活性化させるため、走る時間帯は朝がいい**と思いますが、よく眠れない人にとっては、良質な睡眠への導入として、夕方でもいいと思います。

夜遅いとかえって眠れなくなるので、睡眠の3～4時間前までに走り終えているのがいいでしょう。

そしてもちろん、**ジョギングは、ダイエットのためにも有効**です。

肥満はあらゆる生活習慣病のもとになりますから、スリムなボディを保つことは「見た目」の問題だけでなく「健康」を保つうえでも重要です。

ハーバードからの最新報告

「運動がもたらすメリット」の興味深い研究

ハーバード大学などの研究によれば、**「1日20分程度の運動が死亡リスクを下げる」**とも指摘しています[24]ので、ぜひ実践してみてください。

さらに、同大学の別の研究によれば、**「ヨガにも有酸素運動と似た効果がある」**といわれています[25]。ジョギングが難しい人は、日々の生活の中で、ヨガを試してみてはいかがでしょうか。

最後にハーバード大学からの興味深い研究結果をもうひとつ。

「肥満が伝染する」といったら、驚かれるでしょうか。

ある研究によれば、配偶者や兄弟姉妹、友人が肥満だと、肥満になる確率が増加すると指摘されています[26]。

周囲の人たちが与える影響はとても大きいことがわかります。

ドクター小川のココがポイント 19

★「スロージョギング」はストレス解消、ダイエット、体の疲れにも効果的。激しすぎる運動はストレスになり、逆効果。

最高の生活術 4

きちんと「禁煙」しよう

アメリカのパワーエリートでは、もはや当たり前！

▼▼▼ タバコには60種類以上の「発がん物質」「発がん促進物質」が入っている

アメリカのパワーエリートは、ほとんどタバコを吸いません。

「見た目年齢」の観点からいっても、タバコは皮膚に悪影響を与えます。

タバコのニコチンは血管を収縮させます。

また、タバコを吸っていると、一酸化炭素が生じ、体の末梢まで酸素が行きにくくなります。そのため**皮膚が、栄養や酸素の不足した状態になる**のです。

さらには、皮膚の中に存在する「エラスチン」という弾性線維が壊され、**小ジワが増えてくる**ことがわかっています。

タバコには60種類以上の発がん物質、発がん促進物質が入っているといわれており、**肺がん、咽頭がん、喉頭がんをはじめ、胃がん、肝がん、膵がん、膀胱がんなど、さまざまながんに影響がある**と指摘されています。

とくに**肺がんでは、女性で死亡する人のうち、約20%はタバコが原因**といわれます。

また女性のがんという意味においては、**子宮頸がんにもタバコは影響**があります。

イギリス・ロンドン大学の研究によれば、**1日1本でもタバコを吸う人は、血管の病気に対して、1日20本吸う人の半分のリスクがある**との報告があります[27]。

さらには、流産、早産、死産、先天異常など妊娠への影響も指摘されています。男性の喫煙率が低下する一方で、女性の喫煙率は近年横ばいといわれていますので、注意が必要といえるでしょう。

女性ほど「アンチエイジング」に強い関心があると思います。また女性には「妊娠・出産」というライフイベントもあります。

自分自身の美容と健康のためにも、元気な赤ちゃんを産むためにも、ぜひとも禁煙を心がけてください。

ハーバードからの最新報告

「友人が少ない」ことは喫煙と同程度のリスク？

タバコとの話の関連でいいますと、ハーバード大学の興味深い研究結果があります。[28] この研究では、18万1000人を対象とした23の研究を合わせて解析しています。

その研究では、**友人が少ない**（**友人が10人以上いない**）**ことで、心臓発作が29%、脳卒中が32%、発症率が高まる**と指摘されています。

友人が少ないことは、喫煙することや、肥満と同じくらい危険であると、研究者は結論づけています。孤独で、社会性のない生活環境に身を置くことは、これらの病気の発症を高める可能性があるといえるでしょう。

最近では外で友人と遊ぶよりも、家でテレビゲームを楽しむ子どもが増えています。

また、時代の変化とともに、大人も含めて友人とのコミュニケーションの手段も、従来の対面からスマートフォンなどが主流になっています。

こういった**「人との関わりの希薄化」という世の中の変化は、「病気の発症」という点でも侮れない**と感じます。

ドクター小川のココがポイント

20

★ **皮膚に悪影響を与えるタバコは「見た目年齢」にも百害あって一利なし。アメリカのパワーエリートでは禁煙は当たり前。女性も気をつけよう。**

最高の生活術 5

「スマートフォン」の正しい使い方

ブルーライトは「老け見え」の大きな要因になる！

▼▼▼

「ブルーライト対策」をしていますか？

第1章で述べた紫外線の話と関連しますが、**スマートフォンやパソコンからも、肌にとって有害な光が出ている**のをご存じでしょうか。

「ブルーライト」といって肉眼で見える青い光で、白い光の中にも混じっています。

「ブルーライト」は人の目で見ることのできる可視光線の中で、最も波長が短く、強いエネルギーをもっています。**皮膚に負担をかけ、シミやくすみの原因をつくる**といわれています。

さらに、この「ブルーライト」は、**眠りを促す物質である「メラトニン」の生成を抑制するため、睡眠に悪影響**を及ぼします。

さらに**「体内時計を狂わせる」**ともいわれており、睡眠不足から**皮膚の新陳代謝を**

悪化させることも考えられます。

ブルーライトをカットするメガネや画面に貼るフィルムを活用することも一案ですが、いちばん大事なことは**「寝る前に見ない」**ことです。

最近では、紫外線とブルーライトの両方をカットするスキンケア商品も発売されています。ブルーライトカットのメガネは有効ですが、目に対するライトだけをカットするものなので、皮膚への悪影響はスキンケアで防ぎましょう。

ブルーライト対策はひとつだけではなく、いくつかの方法を組み合わせて行うことが大切です。

寝る前のスマホは、人を老けさせます。

スマホを24時間手放せないという人も多いようですが、寝るときにはスマホのスイッチを切るか、別の部屋に置くのが理想です。

★ブルーライト対策

- パソコンやスマホの画面から距離を置く
- ブルーライトを防御するフィルムを画面に貼る
- ブルーライトをカットするスキンケア製品を使用する

・寝る前にスマホやパソコンを操作しない

ハーバードからの最新報告

寝る前の読書は「紙の本」がいい

ブルーライトについても、ハーバード大学から興味深い研究結果が報告されています[29]。

夜寝る前に読書をする習慣のある人が結構いると思いますが、**ブルーライトは体内時計を狂わせるため、寝る前の電子書籍には注意が必要**とのことです。

この研究では、12人の研究対象者で、寝る前に紙媒体で読書をしたグループと、電子書籍で読書をしたグループとの眠りを比較しました。

その結果、**電子書籍で読書をしていたグループでは、血液中の「メラトニン」の分泌が減って、睡眠の質の低下が認められた**とのことです。

寝る前の読書習慣がある人には、紙の本の読書がおすすめです。あるいは、最近ではブルーライトに配慮した機器も出ているようなので、そういったものを活用するのもいいかもしれません。

ドクター小川のココがポイント

21

★「寝る前のスマホは、人を老けさせる」ことを知ろう。ブルーライト対策も大切だが、「寝る前には見ない」習慣をつけよう。

第4章

「髪」が変わるだけで、驚くほど若返る!

――「髪のケア」世界の最新事情

髪は外見力の決め手！
——毎日のちょっとした習慣で、いっきにマイナス10歳！

髪の毛の量や色、ヘアスタイルは「見た目の若さ」において、かなり大きな部分を占めると思います。

頭髪のトラブルとしては、薄毛、白髪、フケ、かゆみなどさまざまなものがあります。正しく手入れをすることによって、これらを予防・改善する効果が期待できます。

「髪の毛のケア」というと、髪の毛そのものに注意が行きがちですが、じつは大事なのは「頭皮」です。

髪の毛の根元、毛穴が存在する頭皮がきちんとケアされていないことには、髪の毛が正常に育たず、ヘアスタイルも決まりません。

皮膚も年齢とともに老化するように、髪の毛も変化していきます。**毛根の劣化が、結果として髪の毛に出る**わけです。

薄毛、白髪はもちろんのこと、ハリやコシがなくなってやわらかくなったり、切れ毛になりやすくなったりします。

これらは**「正しい手入れ」をすることで一定の予防となります**。

逆に、**手入れの仕方を間違うと、髪の老化を早めてしまいかねません**。

薄毛のケアについては後述しますが、まずは一般的なヘアケア法と、頭皮のトラブルについて述べましょう。

ドクター小川のココがポイント 22

★「見た目の若さ」には、「髪」も大きなポイント。髪の毛以上に「頭皮」「毛根」を正しくケアすれば、髪の老化を遅らせられる。

▼▼▼ 間違っていませんか？「シャンプー&リンス」の正しい方法

「洗髪は毎日していいの？」と聞かれることがありますが、**毎日しても問題ありません**。

人によって毎日したければしていいし、**気にならなければ2日に一度でもかまいま**

せん。

シャンプーは自分に合っているものを使えばいいと思います。アレルギーやかゆみが出たり、フケが増えたり、髪の毛がパサパサするものは合っていません。

髪や地肌の状態がいいと感じるかどうかは人それぞれで、**人にすすめられたシャンプーが自分に合うとは限りません**。

日本ではノンシリコン製品やオーガニック製品も多く販売されていますが、それらもいいように思います。あとは好みの問題になってくると思います。

★洗い方は?

シャンプーで大切なのは「地肌」を清潔にすることです。**髪の毛よりも、地肌を十分に洗う**ことを心がけてください。

耳や耳の後ろ、襟足の部分などは洗い残しが出がちです。しっかり洗いましょう。

また、**洗髪時に頭皮マッサージを行うのは、とてもおすすめ**です。血流がよくなることで、毛に栄養が行きやすくなります。頭皮マッサージに関しては180ページを参照してください。

★リンスやコンディショナー使用時の注意点は？

そして、**シャンプーのあとは、必ずリンスやコンディショナーを使ってください。**

シャンプーによって、一時的に皮脂膜が除去されてしまうからです。

皮脂膜は地肌と髪の毛を保護する役割を果たしていますが、シャンプーでとれてしまった皮脂膜が出来上がるまでの間、リンスやコンディショナーを使うことで毛の保護につながるからです。

男性などは「面倒だから」とシャンプーだけで済ませてしまう人もいるようですが、**薄毛の予防のためにも、リンスやコンディショナーはぜひ行ってください。**

またコンディショナーの場合、**浸透するまでに少し時間が必要**です。さっと流してしまうのではなく、少し置いてからすすいでください。

シャンプーの3倍ぐらいの時間をかけるのが基本です。そして、すすぎはしっかり行いましょう。

正しい「髪の乾かし方」は？

シャンプー後の濡れた髪は、髪を守るキューティクルがはがれ、傷みやすい状態にあります。**クシやブラシはなるべく使わず、タオルで素早く乾かしましょう。ドライヤーやヘアアイロンは髪を傷める原因となるので、あまり長時間は使わないように工夫してください。**

アメリカ皮膚科学会では、脱毛や髪の毛を傷つけないためのアドバイスとして、**濡れた髪をすぐにとかすことは避け、タオルでの水分のふき取りや自然乾燥**をすすめています。**ドライヤーの使用頻度を減らすことも効果的**としています。

ドクター小川のココがポイント 23

★ シャンプーは「髪の毛」より「地肌」を洗い、コンディショナーは必ず使う。ドライヤーは髪を傷める原因に。長時間使わず、使用頻度を減らそう。

正しい「ブラッシングの方法」は？

ブラッシングは髪の手入れに欠かせないもの。**ブラッシングは頭皮の血行を促進し、髪の毛にツヤを与える**効果があります。

★適切なやり方は？

ブラッシングは、毛の流れに沿ってやさしく行ってください。

毛の流れに逆らって、襟足から頭頂にかけてブラシをかけるのはＮＧです。毛穴を傷つけてしまいます。

それから、頭がかゆいといってクシで頭皮をかいている人がいますが、これもＮＧ。ちょっと怖い話になってしまいますが、**ブラシで頭皮を刺激した影響で「血管肉腫」という悪性の病気などができる可能性**もあります。「血管肉腫」は進行も早くて、致死率が高い危険な病気です。

血管肉腫になるのはもちろん非常にまれなケースですが、**頭皮を傷つけるのはできるだけ避けたほうがいい**と思います。頭がかゆい場合は、皮膚科を受診してください。

かつては「1日100回ブラッシングをするといい」などといわれたものですが、これは**古い常識**です。100回ではやりすぎで、枝毛や切れ毛の原因となります。

★ブラシの種類は?

ブラッシングに使用するブラシの種類も大事です。**頭皮にやさしいもの**を選びましょう。

毛先の丸くなっているものや天然毛のものなど、いろいろ探してみるといいと思います。

アメリカ皮膚科学会でも、**歯の間隔が広く先端がなめらかなクシで、髪をとかす**ことをすすめています。

ただし、**過度のシャンプーやリンス、髪をしばしばとかすことは、逆に毛を傷めてしまう**ので、注意が必要とも同学会では指摘しています。

▼▼▼「頭皮のかゆみ」どうすればいい?

次に髪の毛や頭皮の病気・トラブルについて述べましょう。

まずはかゆみです。

難治性の頭皮のかゆみは、日常診療で多い相談のひとつです。まずはその解決へのヒントを、ここでいくつか紹介します。

①「頭皮の炎症」に原因がある場合

はじめに、**頭皮の炎症がかゆみの原因となっている場合**です。

大人の場合に、皮脂の分泌に異常があって、カビが関与する「脂漏性皮膚炎」という病気があります。この病気は、赤みやカサカサが頭皮などにできるものです。

また、頭皮は整髪剤などが付着する場合も多いですし、ここは汗や皮脂の刺激も多いところといえます。

②「洗髪の仕方」に原因がある場合

次に、**洗髪の方法に原因がある場合**です。

シャワーのお湯の温度が高いと、それ自体が刺激になったり、皮脂を洗い流しすぎてしまう可能性があります。髪を洗う温度には、注意しましょう。

すすぎが足りないことでも頭皮のかゆみが生じます。頭皮に残ったシャンプーの成分は頭皮のひび割れにつながり、外からの刺激を受けやすい状態になります。

また、残ったシャンプーの成分は、雑菌の繁殖につながったりもするため、それがかゆみを生じさせるともいわれています。

③「食生活の乱れ」に原因がある場合

さらに、**食生活の乱れが頭皮のかゆみの原因になる**こともあります。

とくに、**揚げ物など脂っこいものは、頭皮のかゆみの原因のひとつ**といわれます。

ホットドッグやピザ、フィッシュ&チップスなどのジャンクフードはとくに好ましくありません。

辛いものも刺激物となりえますので、頭皮のかゆみを自覚している人は、**日常的に刺激の強いものを食べることは避けたほうが無難**といえます。

心当たりのある人は、食生活の改善を試みてください。

④「ストレス」に原因がある場合

このほかには、ストレスが関わっている場合もあります。

ストレスは皮脂の分泌を促進させます。

さらにはストレス下では、血管が収縮してしまうこともかゆみに関係するといわれています。

▼▼▼ スマホで「頭皮」が痛くなる?

近年、「頭皮の痛み」を訴えて受診される人が時々います。

あるいはほかの件で受診されている患者さんから「髪の毛に触れると痛みを感じる」といわれることもあります。

なんとこれが**「スマホ」が原因で起こっている可能性**があるのです。

スマホやタブレットなどの小さな画面を長時間眺めていることで、首が前傾姿勢となり、頭皮の痛みや頭痛などの神経痛が起こってしまうのです。

これを**「スマホ症候群」**といいます。

頭皮の痛みや頭痛ばかりでなく、肩こりや首の痛み、眼精疲労やドライアイ、手や腕のしびれ・痛み、腰痛やうつ症状などが見られることもあります。

厳密にはこのスマホ症候群は医学用語ではありませんが、現代病あるいは文明病ともいえます。

このスマホ症候群の対策としては、何といってもスマホやタブレットを見るときに前傾姿勢にならないよう気をつけることだと思います。また長時間の使用を避けることも大事でしょう。

ただし、頭皮の痛みには、帯状疱疹などの皮膚疾患のほか、脳出血やクモ膜下出血などの皮膚疾患以外の可能性もありますので、注意が必要です。

▼▼▼「髪の毛のトラブル」どうすればいい？

続いて、そのほかの頭皮の代表的なトラブルについて述べましょう。

★パーマ、カラーリング、白髪染めによるかぶれの対処法

最近増えているのが、パーマ液やカラーリング、白髪染めでかぶれて受診する人です。

近年は女性でも男性でもカラーリングをするのが一般的になっていますが、それに比例して、かぶれを訴えるケースも増えています。

かぶれやかゆみ、ブツブツなどの症状が起こったら皮膚科を受診してください。

かぶれがあるのにそのままにしていると、突然に重いアレルギー症状が起こることもあるので、注意が必要です。皮膚科医に相談しましょう。

★フケ症の対処法

見た目に不潔な印象を与えてしまうフケ。**フケと鼻毛は「外見力ダウン」の2大NG**ともいえるでしょう。

フケは、脂漏性皮膚炎や接触皮膚炎、アトピー性皮膚炎や乾癬《かんせん》、あるいは皮膚の乾燥など、さまざまな原因が考えられます。合わないシャンプーでフケが出ている場合もあります。

フケには**「乾性のフケ」**と**「脂性のフケ」**がありますが、いずれもかゆみの原因となります。ひどい場合は**脱毛の原因**ともなりますから、侮れません。

治療としては、**シャンプーによる洗髪を基本**として、ステロイドあるいは抗真菌薬《こうしんきんやく》（カビに対する）などによる外用療法が主体となります。

ちなみにこのフケについて、アメリカ皮膚科学会では**不潔であるために起きるというのは誤り**であることを強調しています。

フケは前述の脂漏性皮膚炎や真菌（カビ）、皮膚がポロポロとはがれ落ちる乾癬や湿疹などの皮膚疾患でも生じることがあるので、**フケ用シャンプーを使用しても治らない場合には、皮膚科の受診が望ましい**でしょう。

★紫外線によるダメージの対処法

意外かもしれませんが、**髪の毛にダメージを与えるものとして「紫外線」**があります。

髪の毛は頭皮を守るためにあるのですが、紫外線を浴びていれば当然、毛にも「光老化」の作用を及ぼします。具体的には、ハリがなくなってやつれた感じになったり、色が赤茶けてきたりします。

それだけでなく**紫外線は、毛根や頭皮にも悪影響を与えます**。とくに薄毛が気になる男性は、将来のためにも要注意です。

スキーや海はもちろんゴルフなど、**長時間日に当たるときは、帽子をかぶったり、日傘を使用する**ことをおすすめします。

★「牽引《けんいん》性脱毛症」の対処法

いつの時代も女性に不変の人気を誇るヘアスタイルにポニーテールがありますが、

「ポニーテールが原因の脱毛症がある」と聞いたら驚くでしょうか。

「牽引性脱毛症」といって、髪の毛が引っ張られることが原因で起こるものです。

ポニーテールのほか、エクステ（付け毛）や編み込みスタイルなども「牽引性脱毛症」の原因となります。

これらのヘアスタイルを**毎日継続的にするのは避ける**ようにしましょう。

また髪の毛を乾かすときやスタイリングをするときは、**あまりきつく引っ張ったりしないことが大事**です。

人種によって、髪のダメージが違う？

当然ながら人種によって髪質は違います。パーマやカラーリングから受けるダメージも人種によって異なります。

髪の毛の損傷の程度を24時間後に、電子顕微鏡で評価したところ、アジア人の髪の毛はストレートパーマによるダメージに強く、白人の髪の毛はカラーリングに対してダメージを受けやすい特徴が指摘され

ています。

また黒人の髪の毛は、そのどちらによるダメージにも強い特徴があるとのことでした。

ですので、**我々日本人にとっては、ストレートパーマによる影響は他の人種と比べて一般的に軽い**と考えていいでしょう。

ドクター小川のココがポイント 24

★ **フケと鼻毛は「外見力ダウン」の2大NG。「頭皮のかゆみ」や「髪の毛のトラブル」は、皮膚科を受診すれば、効果的なことが多い。**

髪ケアの基本 1

「薄毛・脱毛」の対処法
ポジティブにとらえることも若見えのカギ

▼▼▼

「ハゲがイケてる」時代到来!?

朝、枕に落ちた抜け毛を見てショックを受け、頭頂部を鏡で見てはため息……。

薄毛・脱毛はいつの世も男性にとって深刻な問題です。

育毛剤・養毛剤は年々市場が拡大しているそうです。

また最近では「カツラ」は衰退傾向にあり、「植毛」がトレンドとなってきているようです。……というのは、**日本だけの話**だといったら驚くでしょうか？

アメリカに住んでいてつくづく感じるのは、薄毛・ハゲに対する日本との感覚の違いです。

はっきりいって、**欧米人の多くは、ハゲていることを全然気にしません**。

それどころか**「ハゲはクールでカッコイイ」「スキンヘッドは男らしい」というプラスのイメージ**です。

薄毛に対してネガティブな感覚がある日本とは大違いです。文化がまったく違うのです。

もちろん、これは「どちらがいい、悪い」という話ではありません。欧米人でも気にする人は気にしています。

しかし、**「髪の毛が薄くなっていく」という自然の変化に対して抗うのは、とても大変なこと**でもあります。

それにかかる経費も相当なものでしょう。カツラなどは数十万円から100万円もするといわれます。

それを考え方ひとつでポジティブにとらえることができたら、こんなにラクなことはないのではないでしょうか。

日本も欧米に追随して「薄毛・ハゲはカッコイイ！」という時代がやってくるかもしれません。

耳寄りコラム

欧米では「薄毛」のほうがモテる？

実際にいま住んでいるアメリカでは、スキンヘッドの人をよく街で見かけます。

薄毛は女性にモテますから、薄くなると、わざわざスキンヘッドにする人もいるぐらいです。

ハリウッドスターを見ても、ブルース・ウィルス、ショーン・コネリー、ニコラス・ケイジなど、堂々とスキンヘッドまたは薄毛でスクリーンに出ています。

イギリスの俳優ジュード・ロウも、ともすれば日本人が最も気にする「M字型」の薄毛ですが、年齢とともに薄毛が進行しても気にする風もなく、自然体です。

これが日本人の俳優であれば、薄毛が進行したら植毛をしたり、カツラをつけたり、なんとか隠そうとする場合が多いのではないでしょうか。そこが**日本と欧米の大きな違い**だと思います。

ドクター小川の
ココがポイント
25

★ 欧米人は、薄毛をまったく気にしない人が多い。日本とは大違い。ポジティブにとらえることができたら、いっきに気持ちはラクになる。

薄毛・脱毛の治療法と予防法は？

では、薄毛・脱毛の治療法や予防法について述べましょう。

最も大切なことは、薄毛（脱毛）の原因を、きちんと医療機関（皮膚科）で診断してもらうことです。

なぜなら、**一口に薄毛・脱毛といっても原因が違えば、対策も変わってくる**からです。

たんなる脱毛ではなく、背景に「病気」が隠れている場合もあります。

感染症の梅毒にかかっていたり、甲状腺疾患といったホルモンバランスの乱れ、あるいは膠原《こうげん》病（さまざまな臓器に慢性炎症が起きる病気）があったりすると脱毛になりやすいのです。

ですから、**「薄くなった＝ＡＧＡ（男性型脱毛症）」と安易に決めつけるのではなく、ほかの原因も疑ってみて、薄毛の原因を突き止める**ことが必要です。

ハーバードからの最新報告

薄毛になりたくなければ、禁煙は必須

「ＡＧＡ」は、遺伝や男性ホルモンが原因とされています。男性ホルモンが発毛を妨げてしまうのです。

この「ＡＧＡ」については、日本全国での推定人数が１２００万人以上といわれています。

ハーバード大学の研究によれば、**タバコはこの男性ホルモンを増やすこと**が指摘されています。[30]

喫煙者は非喫煙者と比べ、10％以上、男性ホルモンが多かったということです。

薄毛になりたくなければ、禁煙が必須です。

「AGA」は年齢とともにゆっくり進行していき、頭頂部から薄くなるパターン、生え際から薄くなるパターン、この混合型など、いくつかのパターンがあります。

「AGA」は現在、病院で治療ができます。

薬は2種類あり、血流をよくするものと、進行を抑止して改善する、塗り薬と飲み薬です。

どちらも発想としては、**毛を増やすというより、「薄毛の進行を食い止める」**というものです。

この薬はどちらも続けないと効果がなく、やめてしまうと元に戻ってしまいます。

薄毛ケアについては、180ページを参照してください。

薄毛治療の最先端

最先端医療の世界では、薄毛・脱毛の治療もどんどん進んできています。

そのひとつが、第1章で紹介した「マイクロニードルセラピー＋ＰＲＰ療法」（84ページ）です。
マイクロニードルを使って血小板を注入することで、血小板が毛根に作用し、髪の毛の再生が促されるのです。

薄毛治療にはさまざまな方法がありますが、世界的になんといってもホットなのは、この方法です。**いままでの療法と比べると、治療効果はかなり高い**ようです。**何をやっても髪の毛が生えてこなかったという人でも、この方法で生えてくる可能性がある**ということです。

これは**薄毛に悩む男性にとっては「大きな光明」**といえるのではないでしょうか。

この新しい技術は現在、世界的な流行となっていて、ニューヨークあたりでも大人気のようです。

つい先だっても、私の友人であるシンガポールの皮膚科医が、ニューヨークへこの治療法を学びに行ったのですが、**「これはすごい！　シンガポールへこの技術をぜひ自分が持ち帰りたい」**と興奮気味に話していました。

日本でも採用する医療機関が増えてきているようです。

耳寄りコラム

注意！「若ハゲ」「若白髪」の人に心がけてほしいこと

「ハゲはカッコイイ！」論を展開しておきながら、急にトーンダウンするようで申し訳ないのですが、ちょっと気に留めてもらいたいことがあります。

最近、インド心臓病学会から**「『若ハゲ』や『若白髪』は、心臓病（冠動脈疾患）が生じるリスクが高い」**という報告がありました。[31]

それによれば、**「若ハゲ」や「若白髪」は、実際の年齢よりも生物学的な年齢を反映している**というのです。

生物学的に見れば、年のとり方は個人差があります。同じ50歳でも細胞が若い人もいれば、老けている人もいるわけです。

つまり、**「若ハゲ」や「若白髪」のある人は、実年齢より「老けやすい体質」である可能性**があります。**「若ハゲ」や「若白髪」であることが、「肥満」以上に、心臓病の因子になる可能性が高い**というわ

けです。

ただし、これについては今後、さらなる研究が必要です。

しかしながら、「若ハゲ」や「若白髪」の人はこうしたリスクがあるかもしれないことを、念のため認識しておくことは大切だと思います。

ドクター小川のココがポイント 26

★ **薄毛（脱毛）の原因はさまざま。医療機関を受診し、原因を突き止めよう。世界の治療技術は進んでいる。ただ、薄毛予防に、禁煙は心がけよう。**

女性の脱毛症

「ハゲ・薄毛は男性特有の悩み」と思われがちですが、じつは**女性でも、薄毛の悩みを抱える人は少なくありません。**

女性の脱毛・薄毛にも、いくつかの種類があります。

まず意外なようですが、女性でも「男性型脱毛症」が起こります。「女性男性型脱毛症（FAGA〈Female AGA〉）」などとも呼ばれています。

加齢などによる**女性ホルモンの減少が、「FAGA（女性男性型脱毛症）」の原因**となるのです。

女性の脱毛は男性型と異なり、「びまん性」といって**髪の毛全体が薄くなる**のが特徴です。

男性は頭頂部と額の生え際などが特異的に薄くなりますが、女性ではそういうことは起こりません。

このほか、女性の脱毛症として挙げられるのは、166ページで述べた「牽引性脱毛症」、出産後に抜け毛が増える「分娩後脱毛症」があります。

女性の脱毛症にも治療法があり、レーザー、飲み薬などが挙げられます。

自費診療になる可能性がありますが、近くの美容皮膚科、毛髪外来などをうたっているクリニックを探してみてください。

▼▼▼ 脱毛の背後に「病気」が隠れている!?

薄毛の話をしてきましたが、最もよく知られているのは**円形脱毛症**です。

文字どおり、円形に髪の毛が抜けることですが、バサッと一度にたくさん抜ける人もいます。

円形脱毛症というと「ストレスが原因」と信じられていますが、教科書的にいえば、**原因ははっきりしていません**。

ただ、**自己免疫が関係している**といわれています。

つまり、自分の免疫が異常を起こして毛根を攻撃してしまうのです。

円形脱毛症の多くは自然に治りますが、背景に膠原病や甲状腺疾患などの病気が隠れている場合もあります。

円形脱毛症も治療ができますから、ひとりで悩まずに受診しましょう。

このほかの脱毛の種類としては、フケによって炎症が起き、その結果として毛が抜けるという「粃糠《ひこう》性脱毛症」、それから、ストレスが原因となって自分で毛を抜いてしまう脱毛もあります。

このほか、抗がん剤などを含む薬剤性の脱毛などもあります。

▼▼▼ 自分でできる薄毛ケアは？

薄毛がすでに起こっている場合、それから将来的に薄毛になりそうな心配がある場合、どのようなセルフケアを行うといいのか、次に紹介します。

★清潔を意識し、シャンプーをしっかり洗い流す

まず大事なことは、**「清潔」を心がける**ことです。**定期的にシャンプーをして、シャンプーが残らないよう、きちんと洗い流しましょう**。基本的なシャンプーの仕方やシャンプーの選び方は、155ページで述べた方法と同じです。

★頭皮マッサージの注意点

さらに**薄毛の予防には「血行促進」が重要**です。

入浴時やシャワー時には、頭皮のマッサージを行うといいでしょう。**マッサージは、頭頂から下に向かって、指をずらしながら、指の腹でもみほぐしていきます**。**頭皮を揺らす**感じです。

そのとき爪は立てないように注意しましょう。「爪を立てたほうが気持ちいい」という人もいますが、頭皮を傷つけてしまい、逆効果です。

血行促進というと、「毛根を刺激する」といってブラシで頭皮をトントン叩く人がいますが、あれは**完全なNG**です。地肌を傷つけ、毛を生やすための毛根にダメージを与えてしまいます。

ブラシを使うなら、やさしくブラッシングしましょう。ブラッシングについては159ページを参照してください。

ドクター小川のココがポイント

27

★**自分でできる薄毛ケアは「正しいシャンプー」+「頭皮マッサージ」。指の腹で頭皮を揺らすようにマッサージ。ブラシで叩くのは完全なNG。**

髪にいい栄養素について

「髪の毛を増やしたいのでがんばってわかめを食べています」という人がいるのですが、**海藻が髪にいいという医学的根拠はいまのところありません。**

では、髪の毛を育てる栄養素とは何でしょうか。

髪や爪は「ケラチン」というタンパク質でできています。ですから**タンパク質をとることが大切**です。

タンパク質は1日60グラム程度の摂取が理想ですが、その3分の2は「動物性タンパク質」が必要と考えます。

また、**「ビタミンA」の摂取も大切**と考えられています。**「ビタミンA」が不足すると、毛がもろくなる**からです。

ドクター小川の
ココがポイント
28
★

髪の毛を育てるには「食事」も大事。「わかめ＝髪にいい」エビデンスはない。「タンパク質」と「ビタミンA」を、意識して摂取するようにしよう。

まつ毛の育毛剤と美容液

髪の毛との関連でまつ毛の話もしておきましょう。

男性はあまり興味がないかもしれませんが、女性は美容上の大きなポイントとしてまつ毛に高い関心があるかと思います。

基本的に、日本人のまつ毛は欧米の人たちと比べ、数が少なく、短いという特徴があります。さらにまつ毛も年齢とともに、短くなり、少なくもなります。

女性はマスカラをしたり、まつ毛パーマ、まつ毛エクステなどまつ毛メイクに取り組む人が多いのですが、これらによってまつ毛が傷んだりして、悩んでいる人も多いと思います。

まつ毛に対しては、医療機関から処方される育毛剤と市販の美容液があります。育毛剤はまつ毛の数が少なかったり、短かったりする人が対象で、美容液は健康的なまつ毛を目指す人が対象です。

医療機関で処方されるまつ毛育毛剤は、非常に効果があると評判になりました。

ただし、かゆみや目の充血、目のまわりの皮膚の色が濃くなってしまう「色素沈着」

などの**副作用もあり、注意が必要**です。

まつ毛育毛剤の成分によっては、早産や流産などの可能性も指摘されていますので、妊娠・授乳中の女性や小児には使用を控えるべきものがあります。

髪ケアの基本 2

「白髪」の対処法 見た目年齢を大きく左右！ どうすればいい？

「白髪」にも2種類ある

30歳を過ぎるころからチラホラと出てくる白髪。悩んでいる人も多いのではないでしょうか。

髪の毛の色素の低下は、男性の場合、家族歴、肥満、喫煙歴（5年以上）が関係しているともいわれており、**AGA（男性型脱毛症）と肥満との関連性**も指摘されていたります。
さらに女性の場合、「HDLコレステロール」（動脈硬化の防止につながる善玉コレステロール）や、「インスリン様成長因子《ようせいちょう》」（インスリンに似た構造をもつ因子）の値が低いことが、脱毛のリスクと関連しているという研究成果も発表されています。[32]
ちなみに、日本において白い毛はすべて「白髪」と呼ばれていますが、アメリカやイギリスでは、**「white hair（白髪）」**と**「gray hair（銀髪）」**の2つがあります。前者は真っ白な毛、後者は白色調が強くなってきた毛をいいます。

★対処法は？

白髪の対処法ですが、**数本であれば短くカットする、本数が多くなれば、毛染めというのが現実的**です。

白い毛を引っ張って抜くというのは、NGです。毛根を傷めてしまい、毛の生え方に影響したり、毛そのものが生えてこなくなってくる場合もあるからです。

頭皮のマッサージ、禁煙なども、白髪の対処法として有効です。

将来的には**iPS細胞が、白髪を解決してくれる時代が来るかもしれない**と感じています。

第5章

最低限「これ」をするだけでも見た目がまったく変わる!

――世界基準の常識・その他のケア

相手に不快感を与えないための「マイナスを防ぐケア」も大切

★

▼▼▼ 人に不快感を与えないためのケアとは？

本書では、**「見た目年齢マイナス10歳」を可能にするメソッド**について述べてきました。

これまで説明してきた方法は、どちらかというと、**好感度を上げるための「プラスのケア（手入れ）」**だったと思います。

この章で紹介するものは、爪やニオイのケアなど**相手に不快感を与えないための「マイナスを防ぐケア」**です。

どんなにオシャレをしていても爪に垢がたまっていたり、不快なニオイがするのでは、台無しです。

こうしたケアは**世界基準でもありますから、ぜひともチェック**してください。

マイナスを防ぐ 1

男性も女性も気をつけたい「手と爪」のケア

▼▼▼ できるビジネスパーソンは「指先」にも気を配る

意外に思われるかもしれませんが、**爪は皮膚科の領域**です。

アメリカで生活していて気づかされるのは、**トップセールスマンなど第一線で活躍している男性ほど、爪のケアをきちんとしている**ことが多いということです。

欧米のエリートには、ネイルアートこそしていませんが、きちんと切りそろえて、磨き込んだツヤのある爪を保っている人が多いものです。

爪はビジネスシーンにおいて、じつは結構目立つ部位です。名刺を交換したり、書類を受け渡すとき、いやでも目に触れるものでしょう。

爪のケアは、髪の毛や肌のケアと同じように「ビジネスパーソンの常識」となっているのです。

8割の人が間違っている「爪の切り方」

女性は自分でネイルケアをしたり、サロンに通ったりしている人が多いと思いますが、ここでは男性を含めて、「基本的なケア」について紹介しましょう。

★爪の切り方――四角く切る「スクエアカット」が基本

まず「爪の切り方」です。

深く考えず、そのまま爪のカーブに沿って丸くカットしている人が多いのではないでしょうか。じつはそれは、**間違った切り方**なのです。

爪は「四角く切る」のが基本です。女性なら知っている人も多いと思いますが、「スクエアカット」といわれる切り方です。

「スクエアカット」にすることで爪が強くなり、割れづらくなります。

イラストのように、爪の中央だけ平らにカットします。

このとき**端っこを切らないのが原則**です。

角の部分は、やすりでなめらかに整えましょう。

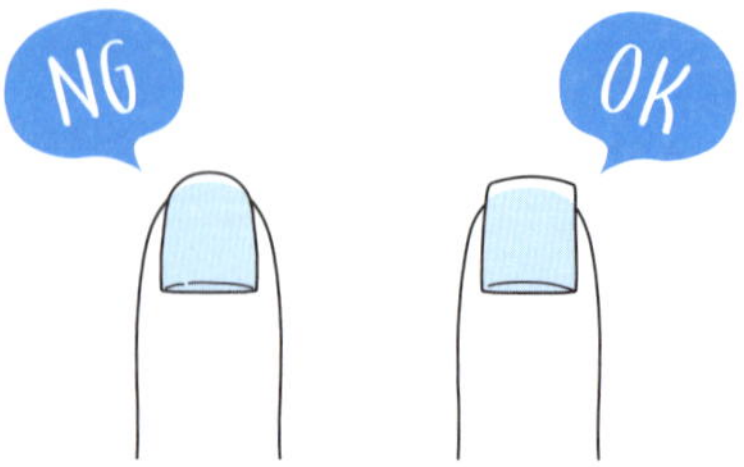

両端部分を切ってしまうと、そこの皮膚がむき出しになり、炎症を起こしたり、巻き爪の原因ともなります。

★爪の長さ――「少し引っかかるぐらいの長さ」が適切

爪の長さについては、アメリカ皮膚科学会では、**「少し引っかかるぐらいの長さ」が適切**としています。

ギリギリまでカットしてしまったり深爪にしてしまうと、皮膚に食い込んで痛みが出たり、巻き爪の原因ともなります。**ちょっと爪の白い部分が残っているぐらいが、ちょうどいい**のです。場合によっては爪切りを使わずに、やすりで整えるのも有効です。

足の爪も同様に「スクエアカット」にします。

足の爪については、靴選びも重要です。あまりきつい靴やハイヒールは、爪にダメージを与えてしまうのでよくありません。

私は両足の形の計測から、中敷きも含めて、プロに靴を選んでもらえる靴屋を利用しています。毎日履くものなので、靴選びにはできるだけこだわりたいものです。

また、足の爪は切りにくいという人も多いと思います。

アメリカ皮膚科学会では、一般的に足の爪が固くて切りにくい場合には、温かい塩水（約０・５リットルの水に対して、小さじ１杯の塩）に５～10分間浸したあと、10％の尿素軟膏を爪に塗ることをすすめています。ぜひ参考にしてみてください。

爪がやわらかくなっている風呂上がりも比較的切りやすいです。

▼▼▼ 爪の保湿

皮膚が乾燥するように、爪も乾燥したり、割れやすくなることもあります。また女性の場合はマニキュアやジェルネイルをしていると、爪がもろくなったり薄くなったりします。

爪の手入れとしては、爪に保湿剤を塗ることが有効です。

保湿剤は特別なものでなくても、43ページで紹介した市販の「ワセリン」や、尿素軟膏などでＯＫです。あるいは、いつも使っているハンドクリームを爪に塗るのでも十分です。爪だけでなく、周辺部の皮膚にもなじませましょう。

保湿するだけで爪にツヤが出て、健康的に見えます。

▼▼▼「甘皮」をとってはいけない！

女性の場合は、ネイルの妨げになるということで、「甘皮」（爪上皮《そうじょうひ》）を処理してしまう人が多いのですが、**皮膚科的には甘皮ははがさないほうがいい**です。

甘皮をはがしてしまうと、そこからばい菌が入って、「爪囲炎《そういえん》」などが起きることがあります。また爪の変形にもつながりやすいのです。

甘皮は、爪の成長にとても重要な部分です。

爪というのは当然ながら、根元の細胞から生えてくるわけです。

爪の根元の部分には「爪半月《そうはんげつ》」という白い部分がありますが、隣接して甘皮があって、そこのすぐ下には「爪母《そうぼ》」という、爪をつくる細胞があります。

爪の中でも、この「甘皮」から「爪母」が大切な部分になります。

ここにダメージを受けると爪が正常に発達せず、デコボコになったり、縦線が入ってしまったりします。

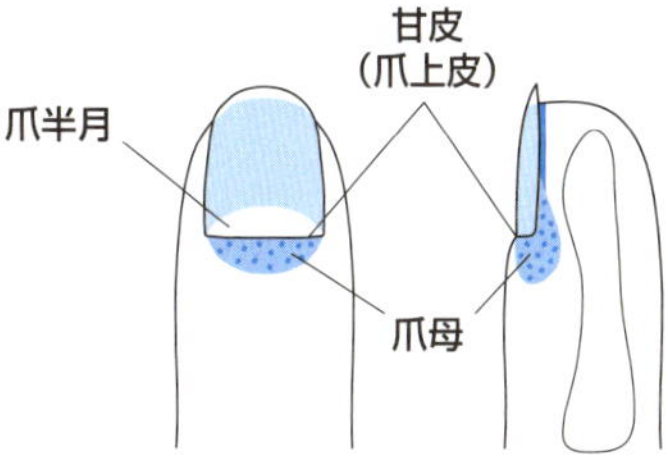

健康な爪を生やすためにも、爪の根元にはダメージを与えないことです。その意味でも「甘皮」を傷めないことは大切になります。

▼▼▼ 爪から健康状態がわかる!?

自分の爪の色を見てみてください。

透明がかったピンク、白っぽい色、黒っぽい色、紫色など、**爪の色は人それぞれ**です。

じつは、この**爪の色は「健康のバロメーター」**でもあります。

体調が悪いときは、爪の色も悪くなります。色が悪い場合には、大きな病気が隠れている場合もあります。たとえば、肺や心臓に病気があるときなどです。

「爪からわかる重大な病気」というのもあるのです。

爪は健康のバロメーター
——爪からわかる「体調不良のサイン」は？

「爪囲紅斑《そういこうはん》」といって、**爪のまわりが赤くなる症状があります**。これは、**「膠原病」の可能性**があります。「膠原病」は、自己免疫疾患である全身疾患ですから、最初に皮膚の異変を感じて皮膚科を受診する人も多いのです。

それから「スプーンネイル」。

「さじ状爪」ともいって、**貧血のひとつのサイン**です。これもよくある症状です。

あと「ばち状指」といって、指の先端がふくらみ、太鼓の「ばち」のように変形したもの。これは呼吸器疾患の患者さんに見られる症状です。**肺がんの可能性**もあります。

それから、「色素線条《しきそせんじょう》」といって、縦に色がついている場合があります。

爪の根元部分「爪母」のメラニン活性が盛んになることによって、結果として爪に黒いラインが出てくるものです。

これは可能性として**皮膚がん「悪性黒色腫（メラノーマ）」の早期**を疑うことがあります。もちろん色素線条があれば、ただちにメラノーマというわけではありません。

緑色の爪（green nail）も、実際の診療現場では、たまに見かけます。これは**「緑膿菌《りょくのう》」というばい菌が感染**したもので、爪水虫に合併したりします。

このように、**爪からは健康状態や病気の可能性が、さまざまに読み取れる**わけです。

時々、「爪の色」を観察しておくことは重要です。

一般的には**「睡眠をしっかりとる」「ストレスをためない」ことが爪や体の健康を保つ基本**といえるでしょう。

ドクター小川のココがポイント 29

★爪は「健康のバロメーター」で、健康状態や病気の可能性が読み取れる。時々、「爪の色」を観察して、「体調不良のサイン」を見逃さない。

▼▼▼ 油で膜を張って手荒れを防ぐ

冬になると、手がカサカサ、時にはパックリひび割れ……いやなものですね。

手湿疹、いわゆる「手荒れ」は、別名「主婦湿疹」などともいいます。

主に家事などで起こりやすく、男性でも悩んでいる人は大勢います。

手のひらの皮膚は、本来厚い構造をしています。

それが、水などを使うことによって刺激となり、乾燥や炎症を起こして「カサカサになる」「指先の皮がめくれる」、場合によっては「裂け目（亀裂）が生じる」といった症状などが起こります。

手荒れのケアの基本は「油で膜をつくって、皮膚の表面を保護する」ことです。「ワセリン」をはじめ、自分に合う保湿剤を見つけて、こまめに塗るようにしてください。

ひどいときは、早めに皮膚科を受診するのをおすすめします。

手荒れになった人についてのある研究結果では、全体の20％が仕事を病欠し、10％が転職へつながっていることが指摘されています[33]。

手荒れの治療開始のタイミングが遅れることは、症状改善の妨げとなることも指摘されていますので、**たかが手荒れと放置せずに、早期の治療開始が重要**です。

アトピー性皮膚炎は、手荒れの要因のひとつです。

妊婦が労働していた場合、その間のストレスは、子どもがアトピー性皮膚炎になる割合を高めるともいわれています。

この研究では、母親が専門的な仕事に就いている場合には、子どもがアトピー性皮膚炎になる割合がさらに高まることがわかっています。

マイナスを防ぐ 2

スメルマネジメントは世界の常識「体臭」ケア

▼▼▼ 年齢がバレる「加齢臭」、どうすればいい？

加齢臭、ワキガ、口臭、足のニオイ……。

「ニオイ」というのはいつの世も悩みの種です。

いくら外見を若々しく保っても、ニオイが酷ければ台無しです。

また、「自分でも気づかないうちに人を不快にさせているかもしれない」という不安は、社会生活にも影響を与えかねません。

口臭こそ歯科・口腔内科の領域ですが、**加齢臭、ワキガ、足のニオイは皮膚科の領域**です。ニオイの不安を解消していきましょう。

「お父さんは臭いからイヤ」

「洗濯物を一緒に洗いたくない」

などなど、**世のミドル男性を悩ませる加齢臭**。
最近では**「スメルハラスメント」**といって、職場などでニオイのために周囲を不快にさせることが問題視されているようです。

★加齢臭の原因は?

加齢臭はなぜ起こるかというと、皮脂腺から分泌される脂肪酸(脂肪を構成する成分)が酸化して**「ノネナール」**という物質になるからです。

この**「ノネナール」が独特のニオイの発生原因**となります。

これがなぜミドル男性に多いのかというと、**若い人は抗酸化力が高いので、「ノネナール」が発生しづらい**のですが、加齢とともに抗酸化力が衰え、「ノネナール」が発生しやすくなるからです。

ただし、加齢臭の原因は、この「ノネナール」だけとは限りません。

人によって、口臭、ワキガ、汗のニオイ、頭のニオイなどが複合して独特のニオイを発生させている可能性もあります。

俗に**「オジサン臭」**などといわれますが、**じつは女性にも加齢臭はあります**。

そして、**アメリカでは加齢臭を気にする人はあまりいない**ように思います。

★加齢臭を改善するには？

加齢臭については詰まるところ、**「清潔を保つ」ことが最大の対策**となります。よって、**シャワーや入浴時に、よく洗浄することが重要**です。

「脂漏部位」といって皮脂の出やすい場所があり、そこは加齢臭を発生しやすい場所でもあります。顔、頭、首のまわり、耳の後ろ、背中、胸のまわりなど、イラストを参照にしっかり洗うようにしてください。

女性は清潔を保っている人が多いのですが、男性はシャワーを浴びても、さっと洗うだけで済ませてしまいがちです。

男性はとくに、加齢臭を意識する年齢になったら、いままで以上に体を丁寧に洗うようにしてください。

また食事も加齢臭の発生に関係します。

なるべく脂肪分（動物性脂肪）の多い食事を避けることを心がけてください。

また運動や禁煙も大切です。**運動をして汗をかくことで、加齢臭を軽減させる**ことができます。

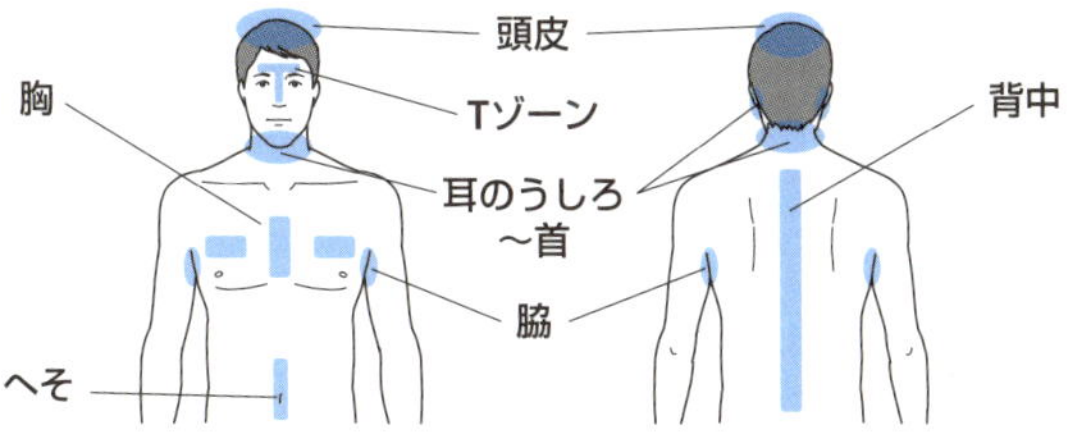

加齢臭が強く出る場所

▼▼▼ 気になる人も多い「ワキガ」、どうすればいい？

ニオイの悩みとしてよくある「ワキガ」ですが、欧米人はワキガを気にする人はあまりおらず、むしろ**「ワキガ＝セクシーな香り」**として受け止められています。

医学的には「ワキガ」は「腋臭症《えきしゅうしょう》」といいますが、欧米ではこれを病気ととらえたり、受診するような人はあまりいません。

どうも**ニオイに対しては、欧米と日本の事情は大きく異なる**ようです。

★ワキガの原因は？

ワキガは、主に脇の下にある汗腺から出るニオイです。

汗腺には**「エクリン汗腺」**と**「アポクリン汗腺」**の2種類があります。

「エクリン汗腺」から出る汗は、水分が99％のさらっとしたものです。

「アポクリン汗腺」から出る汗は脂質やアンモニアを含み、ねっとりした汗で、これが分解されるときに「低級脂肪酸」がつくられ、ワキガの原因となります。

ワキガは遺伝により発症する傾向があります。

耳垢が湿っている「軟《なん》耳《じ》垢《こう》」の人はワキガである可能性があります。

ワキガの場合は、市販のデオドラント剤で、自分に合ったものを使うのがいいでしょう。

★ワキガを改善するには？

「よく洗えばニオイが軽減するか」と聞かれますが、**汗の分泌の問題ですから、いくらよく体を洗っても、ワキガ自体の改善にはつながりません。**

ニオイを気にするあまり、過剰に洗うことで、かえって皮膚のトラブルを呼ぶこともあります。

ワキガの人はそれを過度に気にすることで、うつ病などの精神疾患になる恐れがあります。全然ニオイがしないのに、「ニオイがひどい」といって受診する人も少なくありません。

アメリカ国立衛生研究所のある研究によれば、**アメリカ人の40歳以上の15人に1人が「幻臭」を感じている**ともいわれます[34]。

嗅覚障害の可能性などないことを医師に確認したうえで、欧米を見習って気にしすぎないことも大切です。

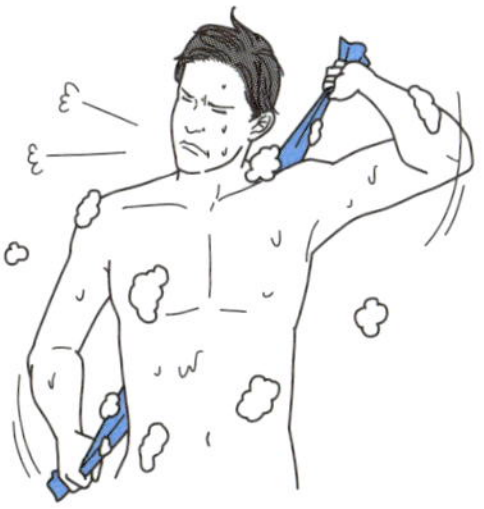

▼▼▼ 世界中で嫌われる「足のニオイ」、どうすればいい？

足のニオイで悩む人は多いと思います。
医学的には**「足臭症《そくしゅうしょう》」**といいます。

★足のニオイの原因は？

足のニオイは、皮脂腺とエクリン汗腺からの分泌物が細菌によって分解されるときに「イソ吉草酸《きっそうさん》（低級脂肪酸の一種）」がつくられ、靴などで蒸れることによって発生するものです。

しかし**足のニオイは意外にも、よく聞く「ある病気」が原因のことが多い**ものです。
それは何かというと**「水虫」**です。
水虫があると、足が靴の中で蒸れて独特なニオイを生じさせます。自分では**「水虫」という自覚がなくても、水虫にかかっている場合は結構ある**ものです。
水虫は「足がかゆくなる」というイメージがありますが、必ずしもそうでない場合もあります。その場合、水虫の治療を行わないことには、ニオイは消えません。

足のニオイで悩んでいる人は、まずは一度、水虫を疑ってみてください。

冬になるとブーツを着用される人が多いと思いますが、あれはじつは水虫の温床となりやすいのです。そうでなくてもブーツは通気性が悪く、ニオイや湿気がこもりやすいものですから、注意が必要です。

「皮膚のニオイ」で、がんを見つけられる？

がんには特有のニオイが存在し、これを嗅ぎ分けることによって、がんを見つける研究が進められていることを、みなさんご存じでしょうか。

科学雑誌『サイエンス』におけるアメリカでの研究によれば、**人間は1兆種類以上のニオイを嗅ぎ分けられる**と指摘されています[35]。

一方、**犬や線虫には、人間には嗅ぎ分けることのできない、がんのニオイを嗅ぎ分けられる**ことがわかっています。そういったことから、**がんには特有のニオイが存在する**ことが指摘されています。

東京医科歯科大学でも、手のひらからしみ出している生体ガスのニオイでがんを見つける試みが研究されています[36]。
今後、**皮膚から出る体のニオイと病気の関係は、研究が進んでいく分野**のひとつと考えられます。

★足のニオイを改善するには？

水虫でないことがわかった状態において、足のニオイが気になるという場合、どのように対応していけばいいのでしょうか。

とにかく**「一日中靴を履いている状態」は好ましくありません**。

オフィスでは、可能であればサンダルやスリッパなどに履き替えましょう。それが無理な場合は、靴をこまめに脱いで、なるべく足を外気にさらすことです。

また、市販の消臭スプレーや五本足ソックスなども試してみる価値はあると思います。

それと、**大事なことは毎日、足をしっかり洗う**ことです。

弱酸性のボディソープで適度に洗ってください。

ドクター小川のソレ誤解です！ ▼ 健康サンダルは足にいい!?

足つぼを刺激する健康サンダル。履くだけで健康になる気がするし、「気持ちがいい」ということでロングセラーとなっています。

しかし**「健康サンダル角化症」**といって、健康サンダルによって水虫と似ている皮膚の症状が出て受診される人がいます。

そこで、実際に顕微鏡を使って水虫の検査をしてみると、水虫菌はいないのです。

健康サンダルは独自の突起がついていますが、これが刺激となって**水虫と似ている皮膚の症状を発生**させてしまうのです。

これは健康サンダル限定というわけではありません。**普通のサンダルでも起こりうる症状**です。ただ、とくに健康サンダルを常用している人は注意をしてほしいと思います。

この場合は、**健康サンダルの着用をやめることで症状が軽減**していきます。

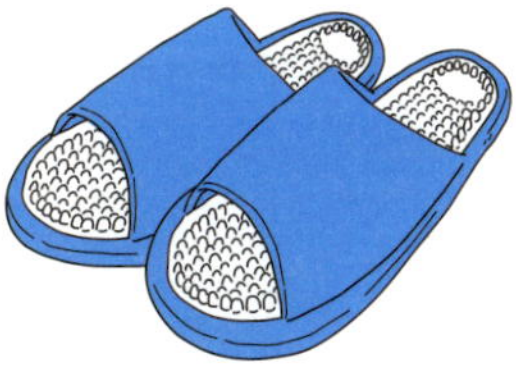

健康サンダルを履いて不健康になったのでは話になりませんから、みなさんには知識として知っておいてほしいと思います。

マイナスを防ぐ 3

至近距離に自信がありますか？ とくに気になる「口臭」ケア

▼▼▼ 口臭には2パターンある

口臭を気にされる人は多いと思います。

口臭は、**「①口の中に原因がある場合」**と**「②胃や食道など、消化器系の内臓に原因がある場合」の2パターン**があります。

口の中の場合は、虫歯や歯周病、歯垢などが原因で起こります。内臓の場合は、胃炎や食道炎などが原因となって起こります。

ただ、**多くの人は、「①口の中に原因がある場合」**といわれています。

いずれの場合も、原因となる疾患を治すことがまず大事です。口臭スプレーなどでしのいでも、「元《もと》」を断たないことには改善しません。

そのうえで、**歯磨きをしっかりすることが口臭対策として有効**だといわれています。

まれに、必要以上に口臭を気にしすぎている場合もあります。

「清潔症候群」というのですが、度を超えた清潔志向によって、**実際にはニオイがないのに「自分は臭っている」と思い込んでしまっている**人がいるのです。その場合は精神的ケアが必要なこともあります。

ドクター小川のココがポイント 30

★

男性だけでなく女性にもある加齢臭は、体をよく洗浄することで予防を。口臭の多くは、口の中に原因あり。歯磨きをしっかりするのが基本。

マイナスを防ぐ 4

思った以上に肌にダメージあり 正しい「ヒゲ剃り」の仕方

▼▼▼ 毎日何も意識せず剃っていると……

男性は、毎朝ヒゲを剃る人がほとんどだと思います。しかし、**ヒゲ剃りは思っている以上に肌にダメージを与えてしまいます**。

実際に「カミソリ負け」で、皮膚を傷めて受診する人は少なくありません。

カミソリ負けは医学用語では「尋常性毛瘡《じんじょうせいもうそう》」といいますが、ヒゲを剃った際に小さな傷ができて、そこから炎症が起こってしまった状態です。

カミソリ負けをしているのに、間違ったやり方、たとえば毛の流れに逆らう方向でヒゲを剃りつづけて重症化してしまうなどのケースもありますから、注意が必要です。

ヒゲ剃りは毎日のことなので、なるべく刺激の少ない剃り方を心がけたいものです。

あなたはどっち？ 電気シェーバー派vs.カミソリ派

まず、**「電気シェーバーとカミソリのどちらを使うか」**という問題があります。

一般的には、カミソリのほうが刺激は強く、ヒゲ剃り負けで真っ赤になってしまったり、皮膚に傷をつけてしまい受診する人は、カミソリ派のほうが圧倒的に多いです。

電気シェーバーは、皮膚を刺激しないように歯の角度が調節されているため、比較的刺激が少ないと思います。**私自身も電気シェーバーを使っています**。

ただ、カミソリでもまったく平気という人もいますし、ヒゲの量や濃さにもよるので、一概にはいえません。

電気シェーバーは、定期的な手入れを行いましょう。使用後なるべくまめに市販の消毒液などで消毒することをおすすめします。

一般的に**欧米男性はヒゲの手入れに対する意識が高く、「できる男はヒゲを手入れし、整えている」という印象があります**。

スタイルも口ヒゲ、あごヒゲなどさまざまです。日本の企業や社会ではヒゲがNGというところも多いでしょうが、**海外では文化としてヒゲを生やす人も多い**ものです。

ただし、大事なことは清潔感で、きちんと整えていることが大切です。伸びっぱなしの無精ヒゲはＮＧです。

ドクター小川のソレ誤解です！

▼欧米と日本の「美意識」の違い

日本と欧米を行き来していると、ヒゲ以外にも美意識がかなり違うことに気づきます。前述した薄毛やワキガの概念の違いに加えて、ほかにも次のような「差異」があるので紹介しておきます。

★「美白信仰」の有無

まず「美白信仰」。

「美白」願望をもつのは、日本人をはじめ、アジア人特有のカルチャーです。**欧米では「美白」という概念自体がありません。**日焼けについてもあまり気にしていない人が多いのも事実です。

ただ、**インドの男性の間で「美白ブーム」が起こっているのは興味深い現象**です。インドでは歴史的に、白い肌はカースト制度の高い階級であることの証しとして、結婚や就職に有利だと考えられているからです。

★「アンチエイジング重視」か「スキンケア重視」か

アメリカでは「若さを保ちたい＝アンチエイジング」の意識が高いです。

そのために形成外科的な手術も盛んで、たとえばシワとりとか、鼻を削るといった手術がよく行われます。

アメリカ第二の都市・ロサンゼルスでも、男性が進んで美容医療を受けていることを考えると、**男性の「美肌」「アンチエイジング」に対する関心の高まりは、世界のトレンド**なのだとも感じています。

アメリカでは、歯並びも美人の条件として重視される傾向にあり、子どものころに矯正をする人が日本よりも圧倒的に多いです。

一方、**日本を含めたアジアは「スキンケア重視」のカルチャー**です。

日本は化粧水を含むスキンケア商品がよく売れる国のひとつともいわれています。アメリカでの美肌とは「皮膚トラブルのない肌」を意味し、日本の

意味合いとは異なります。
ただ、メンズコスメは世界的に盛り上がってきていて、メンズ専用の日焼け止め、リップクリームなどの市場は活性化してきているようです。

マイナスを防ぐ 5

できる男は必ずやっている「眉のトリミング」

▼▼▼ 眉カットで差をつける

女性はみなさん眉の手入れをされていると思いますが、男性はまったく気にしていない人も多いと思います。**やはり眉を整えるとグッと男ぶりが上がって見えるうえ、若く見えます**。

眉毛は、長すぎる毛をハサミでカットしてトリミングします。カミソリを使うのはＮＧで、必ず専用のハサミを使ってください。１００円ショップなどでも買えます。

その際には、女性の場合と異なり、あまり短くカットしないことです。**眉毛が濃いほうが凛々しく見える**からです。

私がやっている簡単スキンケアは？

ここでは私自身が行っているスキンケアを紹介します。とても簡単なので参考にしていただけたらと思います。

先にも述べましたが、**ヒゲ剃りは電気シェーバーを愛用**しています。電気シェーバーなので、とくにシェービングクリームは使いません。

夜は**入浴後、保湿剤を塗っています**。乾燥が気になるときはその都度塗っています。

そして私自身、じつはいま、いちばん効果があると感じているのは、

1日に3～5回程度、市販の洗顔シートで顔を拭くことです。

2年前くらいから使いはじめて、これをやりはじめてから、**格段に肌の調子がいい**と感じています。

ですので、**「いま何もやっていない」という人には、まずこの「洗顔シートで1日3～5回程度、顔を拭く」のをぜひおすすめします。**

「スキンケア」と呼べるようなものはこのぐらいですが、特段トラブルもないし、これで必要十分だと思っています。

「先生はお肌がツヤツヤですね」とほめていただくこともあるのですが、皮膚科医が肌荒れや汚い肌をしていたのでは説得力がありませんので……。

一方、紫外線対策についてですが、私は子どものころ、赤道直下の南国、シンガポールに2年間住んでいて、そこで相当量の日焼けをしてしまいました。

当時は紫外線カットなどという意識はあまりなく、本当に真っ黒になって遊びまわっていたことを、いまごろになって後悔しています。

ですから、みなさんには、**「日焼け止め」の使用を中心とした紫外線対策をしてもらいたい**と思います。

ただ、幼少時の海外生活は自分にとって非常にすばらしい経験でしたし、日焼けも含めて、ポジティブに考えています。

いってみれば**これもひとつの、「ポジティブ皮膚科学」**です。

特別付録

1

男性に朗報！「やっぱりケアは面倒くさい……」という人へ

――たったこれだけ！〈男性向け〉超シンプル・メソッド

面倒くさがりの人でも大丈夫！外見力が驚くほど見違える「2ステップスキンケア」

「見た目年齢」を若返らせる方法についてさまざま述べてきましたが、正直いって男性の中には「いろいろやるのは面倒くさい……」という人もいると思います。

そこで特別付録として、面倒くさがりや（？）の男性向けに、「これだけやればＯＫ」という肌ケアのポイントを紹介します。

じつは男性と女性の肌はまったく違います。**男性は、女性に比べて「皮脂量」が多い**という特徴があり、**皮脂量は女性の約3倍**といわれます。

また男性は毎日ヒゲ剃りをする人が多いのですが、これは肌に大きなダメージを与えます。このため、男性は次のような肌のトラブルを抱えることが多いものです。

★ニキビ、吹き出物
★肌のベトつき、てかり
★毛穴の黒ずみ
★ヒゲ剃り負け
★皮膚の乾燥

とはいえ、男性は「スキンケア」というと「それでも、やっぱり面倒なことはイヤだな……」と考える人も少なくないでしょう。

この特別付録1で紹介する**男性におすすめの「2ステップスキンケア」**は、私自身も日々実行していることでもあり、**本当にシンプルで簡単**です。

男性は「スキンケアは何もしていない」という人が大半ではないでしょうか。いうならば、ほぼ「ゼロ」な人が多いわけです。

それが毎日少しでもケアすれば、見違えるように肌がきれいになり、それだけで5歳は若返って見えるはずです。

夫や彼氏が面倒くさがりという女性も、ぜひパートナーにすすめてあげてください。

たったこれだけ！「2ステップスキンケア」で、まずは見た目年齢マイナス5歳を目指す

男性のスキンケアは、「面倒くさくなく続けられる」ことが、いちばん大事だと思います。

そこで次の2ステップを考えてみました。これであれば誰でも日常の中に取り入れることができると思います。

★ステップ1 洗顔――朝晩、弱酸性の洗顔料で洗うだけ

洗顔は、男性のみなさんでもほとんどの人がされていると思います。

洗顔は、第1章でも紹介したように、**基本的には朝晩、洗顔料を使って洗ってください**。また汗をかいたとき、汚れがついたときも顔を洗いましょう。

皮脂量の多い男性の中には、脱脂力の強い洗顔料でガシガシ洗う人もいますが、あまり皮脂を落としすぎてしまうと、さらに皮脂が分泌されて、かえって脂症になって

しまう恐れもあります。

皮脂の多い男性であっても、37ページで述べているように**洗顔料はやはり弱酸性のものを使用し、その後のスキンケアで皮脂量をコントロール**しましょう。

★ステップ2 保湿――すぐに保湿剤を「見えるところ」に塗るだけ

洗顔の次は保湿です（40ページ参照）。

本来であれば最初にローションで水分を与え、その上から油分で保湿をするのがベストですが、それさえも手間に感じる人もいるでしょう。

ですからまずは、保湿剤を塗ることから始めるのがいいと思います。

洗顔後、すぐに保湿剤を塗るだけです。

保湿剤はクリームでも液状でも身近にあるもの、手に入りやすいものでいいと思います。このとき手にも塗っておくといいでしょう。

まずは「見えるところ」に気を使うだけで、外見力はアップするものです。

男性特有のトラブルを予防し、解決するためには、やはり日々の「洗顔」と「保湿」

を怠らないことが大切なのです。

何を選ぶ？ 男性のスキンケア用品

「男性も洗顔料を使いましょう」「保湿剤を使いましょう」といっても、「何を選べばいいのかわからない」「わざわざ買いに行くのが面倒」という人もいるかもしれません。

男性用のスキンケア商品もいろいろ発売されていますが、とくに男性用のものを買いそろえなくても、奥さまが使っている女性用のものなど、**家にあるもので十分**です（奥さまに怒られない限りですが……）。

ただ、誰にでも「合う・合わない」があるので、そこは気をつけてもらいたいと思います。

肌質は、人それぞれ。

皮膚科の外来にはよく、親子や夫婦でいらっしゃる患者さんが多いのですが、夫婦はもちろん、親子でも肌質がまったく違うということ

は、珍しいことではありません。当然ながら、奥さまが使っている洗顔料が旦那さまには合わないということがあるわけです。

私の印象では、**男性のスキンケア用品に強みのあるメーカーの製品から選択するほうがいい**と思います。

やはり種類も豊富ですし、それだけ研究されていると考えられるからです。

特別付録
2

女性に朗報！イギリス発「5：2スキンダイエット」のすすめ
——たったこれだけ！〈女性向け〉超シンプル・メソッド

▼▼▼ 忙しい女性のためのスキンケア法

特別付録の2つめは、**「たったこれだけ」ケアの女性バージョン**です。

女性はスキンケアに気を遣っている人が多いのですが、そのような人の中にも、「もっと簡単に済ませたい」という声をよく耳にします。仕事や育児で時間がない中、ケアにかける手間や時間は最小限にしたいと考える人も多いでしょう。

そんな女性にピッタリのスキンケアが**「5：2スキンダイエット」**です。

イギリスでは「5：2ダイエット」が流行っていました。

これは1週間のうち2日の食事を1日あたり約500キロカロリーに抑えるというダイエット法です（2日は連続させないようにします）。

この法則を応用したのが**「5：2スキンダイエット」**で、これもイギリスが発祥です。**週5日メイクをして、残りの2日はメイクをしない、もしくは軽めのメイクのみで済ませる**というものです。

連日のメイクは、皮膚に負担をかけます。さらにクレンジングも皮膚に与える刺激が大きいものです。

皮膚に休息を与えることで、皮膚の代謝を促進させ、新しい皮膚の細胞をつくり出させる方向に働きます。

スキンダイエットの2日間は「肌の休息日」と考え、メイクだけでなく、クレンジングも避けます。外出する機会のない週末などに行うのがいいでしょう。

もし可能ならば、スチームを当てたり、パックをしたりして、**「皮膚のデトックス」**を心がけるとさらに効果的です。

この**スキンダイエットは、1カ月以内に効果があらわれてくる**といいます。

イギリスでは、**季節の変化する春と秋に「5：2スキンダイエット」を行うのが効果的**とされています。

イギリス発祥のこの「5：2スキンダイエット」、これからトレンドになるかもしれません。

特別付録 3

ドクター小川の「見た目が10歳若くなる」30のポイントを一挙公開！

ドクター小川のココがポイント 01
「顔の洗い方」を間違えている人は多い。皮膚には「摩擦」が大敵。タオルでゴシゴシ拭くのは、やってはいけない行為ナンバーワン。

ドクター小川のココがポイント 02
「肌のタイプ」には4つある。自分のタイプを知り、「肌の水分」を維持するのが、「見た目」を若く保つ秘訣。

ドクター小川のココがポイント 03
いま浴びた紫外線が10年後、20年後の「シミ」「シワ」「たるみ」になる。今日からでも遅くない！　紫外線ケアが、将来の「見た目の若さ」を決める。

ドクター小川のココがポイント 04
男女とも「紫外線を防ぐ」のが、「見た目の若さを保つ」基本中の基本。「5つのポイント」で紫外線を防ぎ、老け見えも皮膚がんも遠ざけよう。

ドクター小川のココがポイント 05
年齢は首にあらわれる。枕が高いと「首のシワ」の原因になるので要注意。「トマト」「チョコ」「キュウリ」は、シワ対策が期待できる食べ物。

ドクター小川のココがポイント 06
「目のくま」をなくすだけで、驚くほど若く見える。「目を強く閉じて大きく開く」を数回繰り返すストレッチがおすすめ。

ドクター小川のココがポイント 07
「ミネラルウォーター」「ヨーグルト」は複数の銘柄をローテーションしよう。そのほうがバランスが整い、効果アップが期待できて、おすすめ。

ドクター小川のココがポイント 08
コーヒーは上手に飲めば、「肌」「体」「心」すべてにいい効果がある。ただし、飲みすぎは逆効果。「1日3杯程度」をめどに楽しもう。

ドクター小川のココがポイント 09
適量の赤ワインは「肌」によく、「女性の肥満率」を下げる研究もある。ウイスキーは太りにくく、シミの原因物質を抑制する働きもある。

ドクター小川のココがポイント 10
「若返り」を期待したいなら、ナッツがおすすめ。強力なアンチエイジング効果があり、体にいい不飽和脂肪酸をたっぷり含んでいる。

ドクター小川のココがポイント 11
「10種類のスーパーフード」は「見た目年齢」を若返らせ、健康になれる「最強の武器」である。

ドクター小川のココがポイント 12
「スキール(アイスランドヨーグルト)」と「カカオニブ(神の食べ物)」は手に入るなら、「ヨーグルト・ローテーション」に組み込もう。

ドクター小川のココがポイント 13
発酵食品の「コンブチャ」は、健康増進効果が期待できるスーパーフード。アボカドは「世界一栄養価が高い果物」とギネス認定される栄養素の宝庫。

ドクター小川のココがポイント 14
「キヌア」は美肌、ダイエット効果が期待できる南米原産の植物。「ブラジルの奇跡」と呼ばれる「アサイー」には、強力な抗酸化力あり。

ドクター小川のココがポイント 15
「ビーツ」は「食べる血液」と呼ばれ、血行をよくする作用がある。「ケール」に含まれる「メラトニン」は、寝つきをよくする作用あり。

ドクター小川のココがポイント 16
アメリカは空前の「抹茶」ブーム。「カテキン」や「テアニン」が豊富。「カリフラワーライス」はご飯より断然ローカロリー。「白米の代用食」に使える。

ドクター小川のココがポイント 17
ストレス解消の2大要素は「睡眠」「運動」。「自分にピッタリの枕」を選び、「食物繊維が多く、脂肪や糖分が少ない食事」にすると、睡眠の質はよくなる。

ドクター小川のココがポイント 18
入浴後の肌の乾燥を防ぐには、入浴剤の使用がおすすめ。「入浴剤ローテーション」で、保湿やリラックス効果が期待できる。

ドクター小川のココがポイント 19
「スロージョギング」はストレス解消、ダイエット、体の疲れにも効果的。激しすぎる運動はストレスになり、逆効果。

ドクター小川のココがポイント 20
皮膚に悪影響を与えるタバコは「見た目年齢」にも百害あって一利なし。アメリカのパワーエリートでは禁煙は当たり前。女性も気をつけよう。

ドクター小川のココがポイント 21
「寝る前のスマホは、人を老けさせる」ことを知ろう。ブルーライト対策も大切だが、「寝る前には見ない」習慣をつけよう。

ドクター小川のココがポイント 22
「見た目の若さ」には、「髪」も大きなポイント。髪の毛以上に「頭皮」「毛根」を正しくケアすれば、髪の老化を遅らせられる。

ドクター小川のココがポイント 23
シャンプーは「髪の毛」より「地肌」を洗い、コンディショナーは必ず使う。ドライヤーは髪を傷める原因に。長時間使わず、使用頻度を減らそう。

ドクター小川のココがポイント 24
フケと鼻毛は「外見力ダウン」の2大NG。「頭皮のかゆみ」や「髪の毛のトラブル」は、皮膚科を受診すれば、効果的なことが多い。

ドクター小川のココがポイント 25
欧米人は、薄毛をまったく気にしない人が多い。日本とは大違い。ポジティブにとらえることができたら、いっきに気持ちはラクになる。

ドクター小川のココがポイント 26
薄毛（脱毛）の原因はさまざま。医療機関を受診し、原因を突き止めよう。世界の治療技術は進んでいる。ただ、薄毛予防に、禁煙は心がけよう。

ドクター小川のココがポイント 27
自分でできる薄毛ケアは「正しいシャンプー」＋「頭皮マッサージ」。指の腹で頭皮を揺らすようにマッサージ。ブラシで叩くのは完全なNG。

ドクター小川のココがポイント 28
髪の毛を育てるには「食事」も大事。「わかめ＝髪にいい」エビデンスはない。「タンパク質」と「ビタミンA」を、意識して摂取するようにしよう。

ドクター小川のココがポイント 29
爪は「健康のバロメーター」で、健康状態や病気の可能性が読み取れる。時々、「爪の色」を観察して、「体調不良のサイン」を見逃さない。

ドクター小川のココがポイント 30
男性だけでなく女性にもある加齢臭は、体をよく洗浄することで予防を。口臭の多くは、口の中に原因あり。歯磨きをしっかりするのが基本。

おわりに

「ポジティブ皮膚科学」にはとてつもない潜在力がある

皮膚科学は病気の予防や治療はもちろん、**人々の暮らしを豊かにし、社会をよりよくする**ことにも役立つものと信じています。

皮膚科学は病気だけではなく、美容や化粧品といった領域も対象としています。**みなそれぞれが自身の皮膚の状態について満足すれば、一人ひとりの気持ちが明るくなり、その結果、社会の雰囲気も明るくなる**のではないでしょうか。

世界規模で社会の混迷が深まりつつある現在、「皮膚科学の力で日本の活力に貢献したい」、さらには「いまのような不安定な世の中だからこそ、皮膚科学の活用で、世界の平和や安定に寄与することはできないだろうか」と、常日頃考えています。

私がこのような考えに至った直接のきっかけは、2011年の東日本大震災でした。

そこで、「はじめに」でも触れた、私が提唱している**「ポジティブ皮膚科学」という新しいコンセプト**が生まれました。

人々の心を明るく、気持ちを前向きにできるように、皮膚科学を基軸に、ほかの領域との結びつきにより皮膚科学を応用する横断的なコンセプトです。

つまり、「ポジティブ皮膚科学」は医学を基軸としながらも、たとえば心理学や芸術、商学や理工学、公共政策学や環境情報学など、多彩な学問領域との結びつきにより、皮膚科学を応用した学際的なコンセプトなのです。

手前味噌ですが、これを提唱したのは、私が世界ではじめてではないかと思います。「ポジティブ皮膚科学」は皮膚の病気をもつ人だけではなく、一般の人を広く対象としています。

皮膚科学には、とてつもない潜在力が宿っていると感じています。

皮膚という臓器が直接視覚でとらえることのできる体表面に位置すること、美容やアンチエイジングといった領域との結びつきの強い診療科のひとつであることなどの理由から、人々の心のあり方に強く影響している学問分野であると思っているからです。

日々の生活の中で、「ポジティブ皮膚科学」を意識することは、運を引き寄せ、人生を好転させていくきっかけになりうると考えています。これが「ポジティブ皮膚科学」の大きなメリットです。

今後も「ポジティブ皮膚科学」というフィールドの構築を、自分のライフワークの一環として、前進を続けていきたいと思っています。

2019年2月

ハーバード大学マサチューセッツ総合病院　客員研究員　小川　徹

〈出典・参考文献リスト〉

[1] https://www.cancerresearchuk.org/sites/default/files/cs_news_april2014.pdf
[2] Agbai ON, Buster K, Sanchez M, et al. Skin cancer and photoprotection in people of color: a review and recommendations for physicians and the public. J Am Acad Dermatol. 2014 Apr;70(4):748–762. doi: 10.1016/j.jaad.2013.11.038. Epub 2014 Jan 28.
[3] McNeely E, Mordukhovich I, Staffa S, et al. Cancer prevalence among flight attendants compared to the general population. Environ Health. 2018 Jun 26;17(1):49. doi: 10.1186/s12940-018-0396-8.
[4] http://news.livedoor.com/article/detail/4060033/
[5] https://www.aad.org/media/news-releases/could-protecting-your-skin-from-the-sun-be-as-easy-as-popping-a-pill
[6] Yu B, Kang SY, Akthakul A, et al. An elastic second skin. Nat Mater. 2016 Aug;15(8):911–8. doi: 10.1038/nmat4635. Epub 2016 May 9.
[7] Rizwan M, Rodriguez-Blanco I, Harbottle A, et al. Tomato paste rich in lycopene protects against cutaneous photodamage in humans in vivo: a randomized controlled trial. Br J Dermatol. 2011 Jan;164(1):154–62. doi: 10.1111/j.1365-2133.2010.10057.x. Epub 2010 Nov 29.
[8] Kim JE, Song D, Kim J, et al. Oral supplementation with cocoa extract reduces UVB-induced wrinkles in hairless mouse skin. J Invest Dermatol. 2016 May;136(5):1012–21. doi: 10.1016/j.jid.2015.11.032. Epub 2016 Feb 15.
[9] Nema NK, Maity N, Sarkar B, et al. Cucumis sativus fruit-potential antioxidant, anti-hyaluronidase, and anti-elastase agent. Arch Dermatol Res. 2011 May;303(4):247–52. doi: 10.1007/s00403-010-1103-y. Epub 2010 Dec 14.
[10] https://www.nikkei.com/article/DGXLASDG07H17_X00C15A5000000/
[11] Fukushima Y, Takahashi Y, Hori Y, et al. Skin photoprotection and consumption of coffee and polyphenols in healthy middle-

aged Japanese females. Int J Dermatol. 2015 Apr;54(4):410–8. doi: 10.1111/ijd.12399. Epub 2014 Jul 11.

[12] Wu S, Han J, Song F, et al. Caffeine intake, coffee consumption, and risk of cutaneous malignant melanoma. Epidemiology. 2015 Nov;26(6):898–908. doi: 10.1097/EDE.0000000000000360.

[13] http://www.afpbb.com/articles/-/2837413?cx_amp=all&act=all

[14] Ferrucci LM, Cartmel B, Molinaro AM, et al. Tea, coffee, and caffeine and early-onset basal cell carcinoma in a case-control study. Eur J Cancer Prev. 2014 Jul;23(4):296–302. doi: 10.1097/CEJ.0000000000000037.

[15] https://news.harvard.edu/gazette/story/2013/07/drinking-coffee-may-reduce-risk-of-suicide-by-50/

[16] https://www.dailymail.co.uk/femail/article-3075931/How-wine-help-lose-weight-defies-conventional-wisdom-women-insist-nightly-glass-red-keeps-slim-experts-say-right.html

[17] Chen WY, Rosner B, Hankinson SE, et al. Moderate alcohol consumption during adult life, drinking patterns, and breast cancer risk. JAMA. 2011 Nov 2;306(17):1884–90. doi: 10.1001/jama.2011.1590.

[18] Bao Y, Han J, Hu FB, et al. Association of nut consumption with total and cause-specific mortality. N Engl J Med. 2013 Nov 21;369(21):2001–11. doi: 10.1056/NEJMoa1307352.

[19] https://www.nydailynews.com/life-style/health/junk-food-hurts-fertility-young-men-harvard-study-article-1.965366

[20] https://www.dailymail.co.uk/news/article-6121913/New-technique-humans-live-150-regrow-organs-price-coffee-day.html

[21] Goh J, Pfeffer J, Zenios S. Exposure to harmful workplace practices could account for inequality in life spans across different demographic groups. Health Aff (Millwood). 2015 Oct;34(10):1761–8. doi: 10.1377/hlthaff.2015.0022.

[22] https://natgeo.nikkeibp.co.jp/nng/article/20140317/388358/?P=2

[23] St-Onge MP, Roberts A, Shechter A, et al. Fiber and saturated fat are associated with sleep arousals and slow wave sleep. J Clin Sleep Med. 2016 Jan;12(1):19–24. doi: 10.5664/jcsm.5384.

[24] Mekary RA, Grøntved A, Despres JP, et al. Weight training, aerobic physical activities, and long-term waist circumference change in men. Obesity (Silver Spring). 2015 Feb;23(2):461–7. doi: 10.1002/oby.20949. Epub 2014 Dec 19.

[25] Chu P, Gotink RA, Yeh GY, et al. The effectiveness of yoga in modifying risk factors for cardiovascular disease and metabolic syndrome: a systematic review and meta-analysis of randomized controlled trials. Eur J Prev Cardiol. 2016 Feb;23(3):291–307. doi: 10.1177/2047487314562741. Epub 2014 Dec 15.

[26] Christakis NA, Fowler JH The spread of obesity in a large social network over 32 years. N Engl J Med. 2007 Jul 26;357(4):370–9. Epub 2007 Jul 25.

[27] Hackshaw A, Morris JK, Boniface S, et al. Low cigarette consumption and risk of coronary heart disease and stroke: meta-analysis of 141 cohort studies in 55 study reports. BMJ. 2018 Jan 24;360:j5855. doi: 10.1136/bmj.j5855.

[28] https://www.health.harvard.edu/staying-healthy/loneliness-has-same-risk-as-smoking-for-heart-disease

[29] Chang AM, Aeschbach D, Duffy JF, et al. Evening use of light-emitting eReaders negatively affects sleep, circadian timing, and next-morning alertness. Proc Natl Acad Sci U S A. 2015 Jan 27;112(4):1232–7. doi: 10.1073/pnas.1418490112. Epub 2014 Dec 22.

[30] Field AE, Colditz GA, Willett WC, et al. The relation of smoking, age, relative weight, and dietary intake to serum adrenal steroids, sex hormones, and sex hormone-binding globulin in middle-aged men. J Clin Endocrinol Metab. 1994 Nov;79(5):1310–6.

[31] https://www.newsweekjapan.jp/stories/world/2017/12/5-34_1.php

[32] Noordam R, Gunn DA, van Drielen K, et al. Both low circulating insulin-like growth factor-1 and high-density lipoprotein cholesterol are associated with hair loss in middle-aged women. Br J Dermatol. 2016 Oct;175(4):728–34. doi: 10.1111/bjd.14529. Epub 2016 Jun 23.

[33] Thyssen JP, Johansen JD, Linneberg A, et al. The epidemiology of hand eczema in the general population: prevalence and main findings. Contact Dermatitis. 2010 Feb;62(2):75–87. doi: 10.1111/j.1600-0536.2009.01669.x.

[34] Bainbridge KE, Byrd-Clark D, Leopold D. Factors associated with phantom odor perception among US adults: findings from the national health and nutrition examination survey. JAMA Otolaryngol Head Neck Surg. 2018 Sep 1;144(9):807–14. doi: 10.1001/jamaoto.2018.1446.

[35] Bushdid C, Magnasco MO, Vosshall LB, et al. Humans can discriminate more than 1 trillion olfactory stimuli. Science. 2014 Mar 21;343(6177):1370–2. doi: 10.1126/science.1249168.

[36] http://www.tmd.ac.jp/i-mde/www/inst/inst-j.html

【著者紹介】

小川　徹（おがわ　とおる）

皮膚科医。ハーバード大学マサチューセッツ総合病院 客員研究員。医学博士。

カリフォルニア大学ロサンゼルス校（UCLA）、ロンドン大学セントトーマス病院など、アメリカ東海岸、同西海岸、イギリスで、これまで豊富な国際経験をもつ。

ハーバード大学マサチューセッツ総合病院では、アメリカの専門医学書の分担執筆をしながら、「皮膚とAI」に関するマサチューセッツ工科大学（MIT）との共同研究などに取り組んでいる。

アメリカ皮膚科学会（AAD）など、多数の国際学会に所属。欧米をはじめ、アジア、南米、アフリカなどに、グローバルなネットワークをもち、全米最大の日系情報誌「U.S. FrontLine」をはじめとする国内外のメディアでも活躍中。

東日本大震災を契機に、「ポジティブ皮膚科学」という概念を提唱している。「ポジティブ皮膚科学」とは人々の心を明るく、気持ちを前向きにできるように、皮膚科学を基軸に心理学や芸術など、他の学問領域との結びつきにより、皮膚科学を応用した学際的なコンセプトである。あこがれはマザーテレサ。

早稲田大学招聘研究員。元慶應義塾大学研究員。MBA、公共政策の修士号ももつ。稲門医師会会員。早稲田大学医学部実現が夢。

本書が待望の初の著書になる。

ハーバード現役研究員の皮膚科医が書いた 見た目が10歳若くなる本
「肌+髪+腸」で外見力は劇的に変わる

2019年3月14日　第1刷発行
2019年4月30日　第2刷発行

著　者――小川　徹
発行者――駒橋憲一
発行所――東洋経済新報社
〒103-8345　東京都中央区日本橋本石町 1-2-1
電話＝東洋経済コールセンター　03(5605)7021
https://toyokeizai.net/

ブックデザイン……上田宏志
イラスト…………二階堂ちはる
ＤＴＰ…………アイランドコレクション
編集協力………高橋扶美／田中順子
編集アシスト……上岡康子／若林千秋
校　正…………加藤義廣／佐藤真由美
印　刷…………ベクトル印刷
製　本…………ナショナル製本
編集担当………中里有吾

ISBN 978-4-492-04640-1